색채에 관한 소견들

루트비히 비트겐슈타인
색채에 관한 소견들

이영철 옮김

LUDWIG WITTGENSTEIN
Bemerkungen über die Farben

P 필로소픽

1. 이 책은 G. E. M. 앤스콤(Anscombe)이 편집하여 독-영 대역으로 펴낸 비트겐슈타인의 *Bemerkungen über die Farben / Remarks on Clour* (Oxford: Blackwell, 1977)의 독일어 원문을 옮긴 것이다.
2. 부록과 찾아보기는 원본에는 없는 것으로, 이 번역본을 위해 따로 추가한 것이다.
3. 우리말 어문과 관련된 사항은 쌍반점(:)의 쓰임을 제외하고는 원칙적으로 국립국어원의 현행 어문 규정에 따랐다.

‖ 목차 ‖

옮긴이의 말 ·· 6

색채에 관한 소견들

    제I부 ··· 11

    제II부 ·· 37

    제III부 ··· 43

부록 1: 색채들과 색채 혼합 (『큰 타자원고 TS 213』의 §100) ···· 134

부록 2: 제I부와 제III부의 대조표 ································ 151

해제: 색채의 논리/문법에 관한 비트겐슈타인의 고찰 ················ 154

찾아보기 ·· 188

옮긴이의 말

이 책은 비트겐슈타인의 *Bemerkungen über die Farben*을 번역한 것이다. 그는 말년에 ─ 그의 『확실성에 관하여』를 이루는 소견들을 작성한 시기와 대략 비슷한 시기에 ─ 색채에 관한 일련의 소견들을 작성했는데, 그가 죽은 뒤 그의 제자 G. E. M. 앤스콤이 그것들을 따로 편집하여 1977년에 영국 블랙웰 출판사에서 독-영 대역본으로 처음 펴내었다. 본 번역은 그 책의 독일어 원문을 옮긴 것이다.

이 책은 세 부분으로 구성되어 있다. 제I부(MS 176)는 1951년 3월에 케임브리지에서 작성되었고, 많은 부분이 제III부에서 선별적으로 추려진 소견들로 이루어져 있다. 제III부(MS 173)는 1950년 봄에 옥스퍼드에서 작성되었고, 가장 많은 소견들을 포함하고 있다.[1]

---

1 이 원고에는 "내면과 외면"의 문제에 관한 소견들과 셰익스피어에 관한 소견들 및 삶에 관한 일반적인 종류의 성찰들도 포함되어 있었으나, 이것들은 주 텍스트에 속하지 않는다는 표시가 되어 있어서 편집자에 의해 본문에서 제외되었다. 이 제외된 소견들은 나중에 『심리학의 철학에 관한 마지막 글들 2권: 내면과 외면』(*Letzte Schriften über die Philosophie der Psychologie, Bd.2: Innen und Außen / Last Writings on The Philosophy of Psychology, vol.2* Oxford: Blackwell, 1992)과 『문화와 가치』(*Vermischte Bemerkungen / Culture and Value*, Oxford: Blackwell, 1977; 1994 rev. ed.; 서울: 책세상, 2006)에 실려 출판되었다.

가장 짧은 제II부(MS 172)의 작성 시기에 대해 앤스콤은 그것이 제 III부보다 더 앞인지 더 뒤인지는 불분명하다고 했으나, 현재 베르겐 대학의 비트겐슈타인 아르히브에는 제II부의 원고가 1949년과 1950 년 사이에 작성된 것으로 분류되어 있다. 그렇다면 아마도 비트겐슈타인은 먼저 제II부에 해당하는 짧은 고찰들을 했고, 그 이후에 본격적으로 제III부의 풍부한 고찰들로 나아갔으며, 이로부터 마지막으로 그의 소견들을 선별하여 수정·보완하거나 약간의 새로운 소견들을 보충하여 제I부로 정리했다고 할 수 있을 것 같다.

이러한 선별 작업 방식은 비트겐슈타인의 작업 방식에서 보이는 중요한 특징 중 하나라고 할 수 있다.[2] 그러나 최종적으로 선별된 소견들뿐 아니라 그중에 포함되지 않은 최초의 소견들 중 많은 것이 역시 의미 있고 흥미롭기 때문에, 제I부만이 아니라 원래의 소견들도 함께 포함된 전체 자료가 한 권의 책으로 출판되었다. (옮긴이는 제I부와 제III부의 대응 관계를 표시한 대조표를 부록에 실었다.)

색채 문제에 대한 비트겐슈타인의 고찰은 『논리-철학 논고』에서 그가 색채(채색성)를 세계의 실체로서의 대상들의 한 형식으로 보면서 시작되었다. 그러나 본격적인 고찰은 그가 그 책을 완성한 이후 본질적인 점에서 더는 할 것이 없다고 보고 그만두었던 철학을 다시 하기 위해 돌아온 이후부터 시작된다고 할 수 있다. 그는 『논고』에서 자신이 색채 진술들에 관해 말한 것(이른바 '색깔 배제'의 논리성)과

---

2 부록으로 실은 비트겐슈타인의 『큰 타자원고 TS 213』(*The Big Typescript: TS 213*) §100도 상당 부분이 그 이전에 쓰인 그의 『철학적 소견들』(*Philosophische Bemerkungen*)에서 취해진 것이다.

자신이 인정한 논리적 필연성 개념 사이에 어떤 긴장이 존재한다는 것을 인정하고, 이를 해소하기 위해 노력한다. 그리고 이로부터 점차 그의 이른바 후기 철학으로의 전환이 이루어진다. 그러므로 색채 문제는 그의 전기로부터 후기로의 전환에서 중요한 의미를 지닌다고 할 수 있다. 그러나 이것이 그 문제에 대한 그의 관심이 전환 과정에 국한되었다는 말은 아니다. 후기로의 전환이 이루어진 후에도 비트겐슈타인은 이런저런 맥락에서 꾸준히 색채에 대한 고찰을 이어 나간다. 그리고 이러한 고찰을 바탕으로 그는 말년에 온전히 색채의 문제를 주제로 한 소견들, 즉 이 책으로 출판된 작품을 남긴 것이다.

이런 점에서 이 책은 비트겐슈타인의 철학을 이해하는 데에서 일정한 중요성을 지닌다. 그러나 이 책은 색채에 관한 비트겐슈타인의 마지막 소견들을 담고 있을 뿐이다. 그러므로 그 이전의 그의 생각들과 그로부터 이 소견들에 이르는 과정 같은 것은 비트겐슈타인의 철학에 대해 어느 정도 아는 독자라 해도 알기가 힘들다. 또한 그의 철학 전체에서 색채 고찰이 차지하는 의의가 무엇인지도 파악하기 쉽지 않다. 옮긴이는 이러한 어려움을 느낄 독자를 위해 이 문제를 다룬 옮긴이의 논문을 해제로 실었다. 이 논문은 이 책에서 전개된 사유에 이르는 과정과 함께, 이러한 사유 과정에 비추어 볼 때 이 책에서 주목해야 할 몇 가지 점을 그 의의와 함께 다루고 있다.

아울러 비트겐슈타인의 『큰 타자원고 TS 213』(*The Big Type-script: TS 213*)의 §100 "색채들과 색채 혼합"을 번역해 부록에 실었다. 이 글은 『논고』 이후 비트겐슈타인의 색채 사유 과정에서 중간 결산을 이루면서 그 이후의 색채 고찰의 기본 방향을 보여 준다고 할 수 있다.

그리고 이 책 본문의 소견들과 비트겐슈타인의 다른 작품들과의 연관성이 발견되는 곳에서는 그 연관들을 각주에 표기했는데, 이것도 독자들에게 도움이 될 수 있을 것이다.

그럼에도 불구하고 이 책을 읽는 것은 여전히 쉽지 않을 것이다. 이는, 앞에서 언급한 비트겐슈타인의 작업 방식 외에, 색채라는 주제가 철학적으로 드물게 다루어져 왔고 그만큼 다루기가 까다로운 주제라는 점을 굳이 더 들추어내지 않더라도 그렇다. 색채는 우리가 일상에서 늘 접하는 현상이지만, 이에 대해 우리는 실은 상식적 차원에서조차 어떤 면에서는 상당히 무지하다. 적어도 옮긴이는 이 책을 번역하면서 이 점을 뼈저리게 느끼지 않을 수 없었다. 다만, 옮긴이의 생각으로는, 이 점이 이 책을 읽는 것을 포기할 구실은 되지 않는다. 오히려 그와는 반대로, 바로 그 점을 깨닫게 해 준다는 점 하나만으로도 이 책은 도전해 볼 만한 가치가 있을 것이다.

이 작고 흥미롭지만 어려운 책의 번역 원고를 함께 읽고 공부하며 조금이라도 더 나은 번역이 되도록 의견들을 내어 준 제자들에게 감사의 마음을 전한다.

2018년 7월
부산 금정산 자락에서

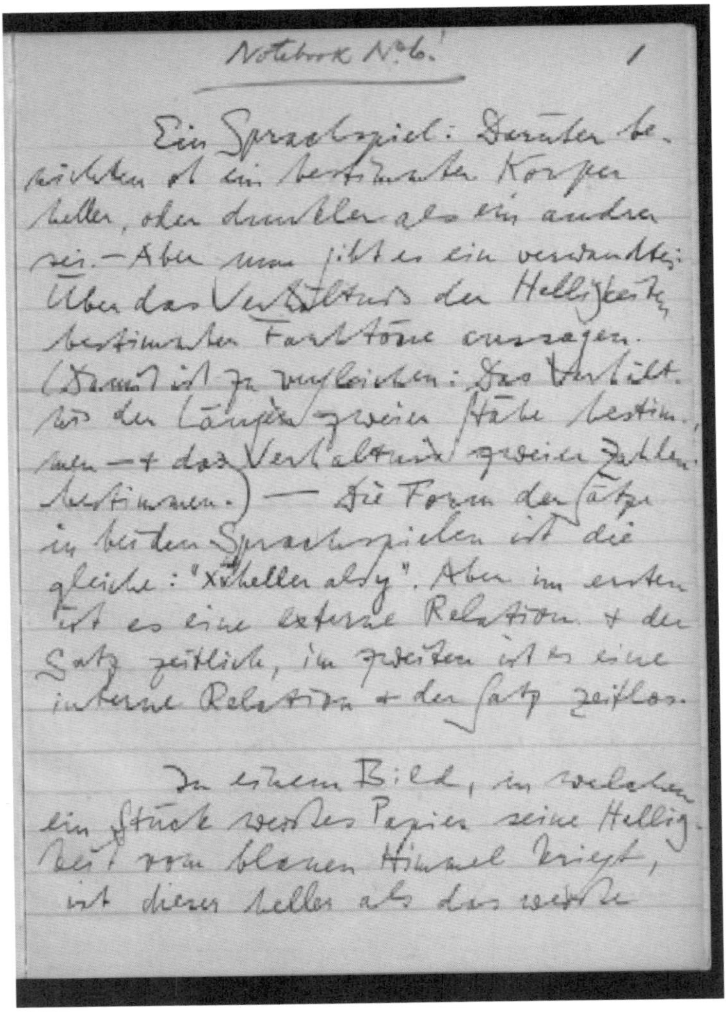
Notebook No. 6. 1

Ein Sprachspiel: Darüber berichten ob ein bestimmter Körper heller oder dunkler als ein andrer sei. — Aber nun gibt es ein verwandtes: Über das Verhältnis der Helligkeiten bestimmter Farbtöne aussagen. (Damit ist zu vergleichen: Das Verhältnis der Längen zweier Stäbe bestimmen — + das Verhältnis zweier Zahlen bestimmen.) — Die Form der Sätze in beiden Sprachspielen ist die gleiche: "x ist heller als y". Aber im ersten ist es eine externe Relation + der Satz zeitlich, im zweiten ist es eine interne Relation + der Satz zeitlos.

In einem Bild, in welchem ein Stück weißes Papier seine Helligkeit vom blauen Himmel kriegt, ist dieser heller als das weiße

제I부 시작 부분의 친필 원고(MS176 1r)의 팩시밀리 사진

Bemerkungen über die Farben

1. '특정한 한 물체가 다른 한 물체보다 더 밝거나 더 어두운지에 관해 보고하기'라는 언어놀이. ― 그러나 이제, '특정한 색조들이 지니는 밝기의 관계에 관해 진술하기'라는 근친적인 놀이가 존재한다. (그 둘과 다음을 비교할 수 있다: '두 막대의 길이의 관계를 규정하기' ― 그리고 '두 수의 관계를 규정하기'.) ― 두 언어놀이에서 문장의 형식은 똑같이 "X는 Y보다 밝다"이다. 그러나 첫 번째 언어놀이에서 그것은 외적 관계이고 그 문장은 시간적이다. 두 번째 언어놀이에서 그것은 내적 관계이고 그 문장은 무시간적이다.[1]

2. 흰 종잇조각이 그 밝기를 파란 하늘로부터 얻는 그림에서 이 하늘은 흰 종이보다 밝다. 그럼에도 불구하고, 다른 뜻에서는, 파랑은 더 어두운 색이고, 하양은 더 밝은 색이다. (괴테[2]). 팔레트에서는 흰색이 가장 밝은 색이다.

3. 리히텐베르크[3]는 오직 소수의 사람만이 언젠가 순수한 흰색을 본

---

1 (옮긴이 주) 비트겐슈타인과의 대화록 『비트겐슈타인과 빈학단』(*Wittgenstein und der Wiener Kreis*) p.55 참조: "물론 나는 한 복장이 다른 복장보다 더 어둡다고 말할 수 있다. 그러나 나는 한 색이 다른 색보다 더 어둡다고 말할 수는 없다. 이것은 색의 본질에 속하기 때문이다; 색은 이것 없이는 생각될 수 없다. (⋯) 공간의 이러이러한 곳에는 저곳에서보다 더 어두운 색깔이 있다. 내가 공간을 끌어들이자마자, 나에게는 외적 관계들이 주어진다; 그러나 순수한 색의 성질들 사이에서는 단지 내적인 관계들만이 존재할 수 있다. 색깔들을 특징 기술하는 수단으로, 나는 색의 성질들에 의해 기술하는 저 수단 말고 다른 수단을 지니고 있지 않다."

2 (옮긴이 주) 괴테, 『색채론』 274항 참조. 여기서 비트겐슈타인이 말하고 있는 뜻은 그의 『쪽지』 §347의 다음과 같은 방주에서 더 분명히 볼 수 있다: "예를 들어 "파란색은 흰색보다 어둡다"와 같이, 색에 관한 문장들로서 수학적 문장들과 비슷한 것들. 이에 대해서는 괴테의 색채론."

적이 있을 것이라고 말한다. 그러니까 대부분의 사람은 그 낱말을 잘 못 사용하고 있는가? 그리고 어떻게 **그는** 올바른 쓰임을 배웠는가? — 그는 통상적인 쓰임에 따라서 하나의 이상적인 쓰임을 구성한 것이다. 그리고 그것은 더 나은 쓰임을 뜻하는 것이 아니라, 어떤 방향에서 정제된 쓰임 — 거기에서는 어떤 것이 극단으로 몰아세워진다 — 을 뜻한다.

4. 그리고 물론 그렇게 구성된 쓰임이 우리에게 다시 실제의 쓰임에 관해 가르쳐 줄 수 있다.

5. 내가 한 장의 종이에 대해, 그것은 순수하게 희다고 말하는데, 그 종이 옆에 흰 눈이 놓이자 이제 이 종이가 회색으로 보인다면, 나는 그것을, 그것의 정상적인 주위 환경에서는 어쨌든 정당하게, 희다고, 밝은 회색이 아니라고 부를 것이다. 나는 가령 실험실에서는, 흰색에 관해 정제된 개념을 사용하는 일이 있을 수 있을 것이다. (예를 들면, 정확한 시간 규정이라는 정제된 개념을 또한 사용하는 것처럼 말이다.)

---

3 (옮긴이 주) 리히텐베르크(Lichtenberg, Georg Christoph; 1742~1799): 독일의 물리학자이자 풍자작가. 비트겐슈타인이 언급한 말은 아마도 리히텐베르크가 1793년 10월 9일 괴테에게 보낸 편지 속의 다음과 말일 수 있다: "사람들은 자신들이 '희다'고 부르는 색이 무엇인지 물론 알지만, 몇 사람이나 순수한 흰색을 본 적이 있을까요?"(Bw 4, Nr. 2303) 또는 아마도 리히텐베르크의 『잡기장』(*Sudelbuch*) K366의 다음 말일 수도 있다: "그러나 우리가 순수한 흰색을 인지할 수는 없지만, 그래도 우리는 우리가 흰색으로 이해하는 것을 아주 잘 안다. 왜냐하면 우리는 우리의 감각들을 추론을 통해 언제나 교정하기 때문이다."

6. 초록은 파랑과 노랑의 혼합색이 아니라 기본색이라는 것을 무엇이 말해 줄 수 있는가? "그것은 그 색깔들을 주시함으로써 직접 인식할 수밖에 없다"라고 말하는 것은 올바를까? 그러나 내가 "기본색"이라는 말로, 역시 초록을 기본색이라고 부르는 경향이 있는 다른 사람과 동일한 것을 뜻한다는 것을 나는 어떻게 아는가? 아니다, — 여기서는 언어놀이들이 결정한다.[4]

7. 노란빛(또는 파란빛)을 덜 띤 초록을 주어진 황록색(또는 청록색)에 혼합하는 — 또는 다수의 색견본에서 골라내는 — 과제가 존재한다. 그러나 노란빛을 덜 띤 초록이 파란빛을 띤 초록은 아니다(그역도 참이다). 그리고 노란빛을 띠지도 파란빛을 띠지도 않은 초록을 선택하는, 또는 혼합하는 과제가 존재한다. 내가 "또는 혼합하는"이라고 말하는 까닭은, 초록은 그것이 노랑과 파랑의 일종의 혼합을 통해 이루어진다는 점으로 인하여 동시에 파란빛을 띠면서[5] 노란빛을 띠게 되지는 않기 때문이다.

8. 사람들은 혼합(그게 어떤 뜻에서건)을 통해 색깔들을 산출한 적이 결코 없더라도 중간색이나 혼합색의 개념을 가질 수 있을 것이다. 그들의 언어놀이에서는 언제나, 이미 현존하는 중간색 또는 혼합색을 찾아내거나 선택하는 일만이 중요할 수 있을 것이다.

---

4 (옮긴이 주) 기본색의 개념과 관련해서는 비트겐슈타인의 『철학적 문법』(*Philosophische Grammatik*) §134, 『쪽지』 §331, 『심리학의 철학에 관한 소견들』(*Bemerkungen über die Philosophie der Psychologie*) 1권 §622 참조.

5 (편집자 주) 원고에는 '초록빛을 띠면서'라고 되어 있다.

9. 그런데 초록이 노랑과 파랑의 중간색이 아닐지라도, 어떤 사람들에게는 파란빛을 띤 노랑, 붉은빛을 띤 초록이 존재하는 그런 일이 있을 수 있지 않을까? 그러니까 그들의 색채 개념이 우리의 색채 개념과는 다를 사람들 — 왜냐하면 실로 색맹인 사람들의 색채 개념조차도 정상인의 색채 개념과는 다르며, 정상인과 다름이 모두 다 눈멂, 결함이어야 하는 것은 아니기 때문에[6] — 말이다.

10. 주어진 색조에 대해 더 노란빛을 띤, 더 흰빛을 띤, 더 붉은빛을 띤 색조를 발견하거나 혼합하기 등등을 배운 사람, 그러니까 중간색의 개념을 아는 사람, 그에게 이제 우리에게 붉은빛을 띤 초록을 가리키라고 요구하라. 그는 단순히 이 명령을 이해하지 못하고 가령 마치 정사각형, 정오각형, 정육각형 다음에 정일각형을 보이라는 요구를 받은 것처럼 반응할 수 있다. 그러나 만일 그가 주저하지 않고 한 색견본을 가리킨다면 (가령 검은빛을 띤 갈색이라고 우리가 일컬을 색을 가리킨다면) 어떻게 될까?[7]

11. 붉은빛을 띤 초록에 친숙한 사람은, 빨강으로 시작하여 초록으로 끝나는, 그리고 우리에 대해서도 아마 그 둘 사이에 하나의 연속적

---

6 (옮긴이 주) 비트겐슈타인의 『철학적 소견들』(*Philosophische Bemerkungen*) §95, 『쪽지』 §257 참조: "새로운 색깔을 발견하는 것이 가능할까? (왜냐하면 색맹은 실로 우리와 동일한 입장에 있기 때문이다, 그의 색들은 우리의 체계와 똑같이 완전한 체계를 형성하고 있기 때문이다; 그는 나머지 색들이 더 끼어들어 올 아무런 틈도 보지 못한다. (수학과의 비교.))"

7 (옮긴이 주) 『심리학의 철학에 관한 소견들』 II권 §422 참조.

인 이행 단계를 형성하는, 하나의 색채 열(列)을 산출할 수 있어야 할 것이다. 그러면 우리가 예컨대 매번 갈색의 같은 색조를 보는 곳에서 그는 한번은 갈색을 보고, 한번은 붉은빛을 띤 초록을 본다는 것이 드러날 것이다. 예를 들면, 우리에게는 같은 색깔을 지닌 두 화학적 결합을 그는 색깔에 따라 구별할 수 있을 것이며, 그 하나는 갈색으로, 다른 하나는 붉은빛을 띤 초록으로 부르리라는 것이 드러날 것이다.

12. 드문 예외를 제외하고는 모든 사람이 적-록(赤-綠) 색맹이라고 상상해 보라. 또는 모든 사람이 적-록 색맹이거나 청-황(靑-黃) 색맹인 다른 경우도 상상해 보라.

13. 색맹인 사람들로 이루어진 한 **민족**을 생각해 보라. 그리고 그런 민족은 쉽게 존재할 수 있을 것이다. 그들은 우리와 같은 색채 개념을 가지지 않을 것이다. 왜냐하면 비록 그들이 예컨대 우리말[8]을 말하고 따라서 우리말의 모든 색채어를 갖고 있다고 가정하더라도, 그들은 그것들을 우리와는 다르게 사용할 것이고, 또 사용하는 법을 다르게 **배울** 것이기 때문이다.

또는 그들에게 외국어가 있다면, 우리가 그들의 색채어를 우리말로 번역하기는 어려울 것이다.

14. 그러나 "붉은빛을 띤 초록"이나 "노란빛을 띤 파랑"이란 표현을

---

8 (옮긴이 주) 원말 그대로는 '독일어'.

일관성 있게 사용하는 것이 자연스럽고, 그와 동시에 아마도 우리에게는 없는 능력들을 또한 드러내는 사람들이 존재한다고 하더라도, 우리가 그들은 우리가 보지 못하는 **색깔들**을 본다고 불가피하게 인정해야 하는 것은 아닐 것이다. 색이 무엇이냐에 대해서는, 그것이 우리의 색깔들 중 하나라는 것을 제외하면, 보편적으로 인정된 기준이 존재하지 않는다.[9]

15. 더 진지한 모든 철학적 문제에서 불확실성은 뿌리들에까지 내려가 다다른다.

우리들[10]은 언제나, **전적으로** 새로운 것을 배울 각오가 되어 있어야 한다.

16. 색맹 현상들에 대한 기술은 심리학에 속한다. 그러니까 정상적인 봄의 현상들을 기술하는 것 역시 그러한가? 심리학은 색맹 상태가 정상적인 봄에서 **벗어나는 점들**만을 기술한다.

---

9 (옮긴이 주) 『쪽지』 §362 참조: 이 사람들은 붉은빛을 띤 초록을 알고 있다.—"그렇지만 그런 건 전혀 **존재하지 않는다!**"—얼마나 묘한 문장인가.—(당신은 그걸 도대체 어떻게 아는가?)

10 (옮긴이 주) 이하에서 '우리들'은 독일어 'man'의 번역이고, '우리'는 'wir'의 번역이다. 후자가 화자(비트겐슈타인) 및 그와 같은 입장에 있거나 있을 특정한 사람들(잠재적 독자)을 가리키는 데 반해, 전자는 화자를 포함할 수도 포함하지 않을 수도 있는 불특정의 사람들, 많은 경우 그저 화자의 관찰 또는 비평 대상이 되는 세상 사람 일반을 가리킨다고 할 수 있다. (그러므로 때에 따라 그 말의 번역은 생략 가능하다.) 이러한 구분이 우리말의 용법에 정확히 대응한다고 할 수는 없지만, 비트겐슈타인의 독해에서 불필요한 오해를 막아 줄 수 있을 것이다.

17. 룽게[11]는 (괴테가 『색채론』에 게재한 편지에서,) 투명색과 불투명색이 존재한다고 말한다. 하양은 불투명색이다.

이것은 색채 개념에서의, 혹은 색채 동일성 개념에서의 불확정성을 보여 준다.

18. 투명한 초록색 유리는 불투명한 종이와 같은 색깔을 지닐 수 있는가, 없는가? 만일 그러한 유리가 회화에서 묘사된다면, 팔레트 위에서 그 색들은 투명하지 않을 것이다. 그 유리의 색깔이 회화에서도 투명할 것이라고 말하고자 한다면, 우리들은 그 유리를 묘사하는 색 반점들의 복합체를 그 유리의 **색깔**이라고 불러야 할 것이다.

19. 투명한 것이 초록색일 수는 있지만 흰색일 수는 없는 것은 어째서인가?

투명성과 반사는 시각 상(像)의 심층 차원에만 존재한다.

투명한 매체가 주는 인상은 그 매체 **뒤에** 어떤 것이 놓여 있다는 것이다. 시각 상이 완전한 단색성(單色性)을 지니면 투명할 수 없다.

20. 색깔 있는 투명 매체 뒤의 흰 것은 그 매체의 색깔로 나타나고, 검은 것은 검게 나타난다. 이 규칙에 따르면, 흰 바탕 위의 검정은 '투명한 흰' 매체를 통해 보면 색깔 없는 매체를 통해 보이는 것처럼 보여

---

11 (옮긴이 주) 룽게(Philipp Otto Runge; 1777~1810): 독일 낭만주의의 한 대표적 화가. 구형(球形) 색상환을 만들었고, 색채 문제와 관련하여 괴테의 『색채론』에 부록으로 실리게 되는 편지를 괴테에게 보내었다.

야 한다.

21. 룽게: "우리들이 파란빛을 띤 주황색이나 붉은빛을 띤 초록색, 혹은 노란빛을 띤 보라색을 생각하려고 한다면, 남서풍적인 북풍에서와 같은 기분이 들 것이다.……하양과 검정은 둘 다 불투명하거나 물체적이다.……우리들은 순수한 흰색의 물을 생각할 수 없을 것이다; 맑은 우유를 생각할 수 없듯이 말이다."

22. 우리는 색채 이론(생리학적이거나 심리학적인)을 발견하려고 하는 것이 아니라, 색채 개념들의 논리를 발견하려고 한다. 그리고 이는 사람들이 종종 부당하게 이론에서 기대해 온 것을 수행해 낸다.[12]

23. "우리들은 흰색의 물을 생각할 수 없을 것이다, 등등." 즉, 우리들은 흰색의 맑은 것이 어떻게 보일지를 기술할(예를 들면, 그림으로 그릴) 수 없을 것이다. 그리고 이는, 우리들은 이 말이 우리에게 어떤 기술, 어떤 묘사를 요구하는지 알지 못한다는 것을 뜻한다.

24. 그것은 불투명한 색견본과 **같은 색깔**을 지니고 있다는 말을 우

---

12 (옮긴이 주) 비트겐슈타인은 『철학적 소견들』(1930) §218에서는 다음과 같이 말한 바 있다: "…… 내가 필요로 하는 것은 심리학적인, 또는 더 옳게는 현상학적인 색채론이지, 물리학적 색채론이 아니며, 마찬가지로 생리학적 색채론도 아니다. 게다가 그것은 오직 실제 지각 가능한 것에 대해서만 말하고 가설적인 대상들 ― 파동, 세포 등 ― 은 나타나지 않는 **순수** 현상학적 색채론이어야 한다."

리들이 어떤 투명한 유리에 대해서 해야 하는지는 즉시 분명하지 않다. 내가 (어떤 색종이를 가리키면서) "나는 **이러한** 색깔을 지닌 유리를 찾고 있다"라고 말한다면, 그것이 뜻하는 것은 가령, 흰 것이 그 유리를 통해 보이면 나의 견본처럼 보여야 한다는 것일 것이다.

견본이 담홍색이거나 담청색이거나 담자색이라면, 유리는 **흐리다**고 생각될 것이다. 그러나 아마도, 맑은데 단지 옅게 붉은빛을 띠거나 파란빛을 띠거나 보라색을 지니고 있다고도 생각될 것이다.

25. 영화관에서 영화 속 사건들은 때때로 마치 영사막 뒤에 있는 것처럼, 그러나 이 영사막은 가령 하나의 유리판과 같이 투명한 것처럼 보일 수 있다. 그 유리는 사물들에서 그 색깔을 취하여 오직 흑과 백과 회색만을 통과시킬 것이다. (여기서 우리는 물리학을 하고 있는 것이 아니라, 흑과 백을 전적으로 초록과 빨강처럼 간주하고 있는 것이다.) ― 그러니까 여기서 우리는 하얗고 투명하다고 일컬어질 수 있을 하나의 유리판을 상상하고 있다고 생각될 수 있을 것이다. 그럼에도 불구하고 우리는 하나의 유리판을 그렇게 부르고 싶은 기분이 들지 않는다: 그러니까 예를 들어 투명한 초록색 판과의 유비는 어디에선가 허물어지는가?

26. 우리는 초록색 판에 대해서는 가령 이렇게 말할 것이다. 즉, 그것은 그것 뒤에 있는 사물들에 초록색 색조를 준다; 그러니까 무엇보다도, 그것 뒤에 있는 흰 것에 말이다.

27. "우리들은 그것을 상상할 수 없다"는, 논리에 관계되는 문제일 때, 이런 뜻이다. 즉, 우리들은 여기서 무엇을 상상해야 하는지 알지 못한다.

28. 영화관에서의 나의 허구적 유리판에 대해 우리들이, 그것은 그 뒤에 있는 사물들에 흰 색조를 줄 거라고 말할까?

29. 투명한 초록, 투명한 빨강 등으로부터, 투명한 색깔이 있는 것을 목도하기 위한 규칙을 읽어 내고, 투명한 외관의 하양을 그 규칙으로부터 구성하라! 왜 그것은 되지 않는가?

30. 색깔 있는 모든 매체는 그것을 통해 보이는 것을 어둡게 한다; 그것은 빛을 흡수한다. 자, 그럼 나의 흰 유리도 역시 어둡게 할까? 그리고 그것이 더 두꺼울수록, 더 많이 어둡게 할까? 그렇다면 그것은 그러니까 본래 어두운 유리일 것이다!

31. 투명하게 흰 유리는 ― 비록 그것이 현실에 존재하지 않을지라도 ― 왜 상상할 수 없는가? 색깔 있는 투명한 유리와의 유비는 어디에서 잘못되는가?

32. 문장들은 종종 논리와 경험 지식의 경계에서 사용되고, 그래서 그것들의 뜻은 그 경계 위에서 이리저리 바뀌고, 그것들은 때로는 규범의 표현으로, 때로는 경험의 표현으로 여겨진다.

(왜냐하면 논리적 문장을 경험적 문장과 구별하는 것은 실은 심적 동반 현상 ─ 우리들은 '사고'를 그런 것으로 생각한다 ─ 이 아니라 사용이기 때문이다.)

33. 우리들은 '금의 색깔'에 대해 이야기하며 노란색을 뜻하지 않는다. "금색"은 번쩍거리거나 반짝이는 표면의 속성이다.

34. 적열(赤熱)과 백열(白熱)이 존재한다. 그러나 갈색 열과 회색 열은 어떻게 보일까? 왜 이것들은 백열의 더 약한 등급으로 생각될 수 없는가?

35. "빛은 색깔이 없다." 만약 그렇다면, 수(數)는 색깔이 없다는 것과 같은 뜻에서 그렇다.

36. 빛을 발하는 것처럼 **보이는** 것은 회색으로 보이지 않는다. 모든 회색은 빛을 받는 것처럼 **보인다**.

37. 빛을 발하는 것으로 보이는 것을 우리들은 회색으로 보지 않는다. 그렇지만 우리들은 그것을 흰색으로 볼 수 있다.

38. 우리들은 그러니까 어떤 것을 **지금은** 약하게 빛을 발하는 것으로, **지금은** 회색으로 볼 수 있을 것이다.

39. 나는 **흰색의 인상**은 이러저러하게 이루어진다고 (형태 심리학자들처럼) 말하고 있지 않다. 오히려 문제는 정확히, 이 표현의 의미, 개념의 논리가 무엇인가 하는 것이다.

40. 왜냐하면 '회색으로 작열하는' 어떤 것이 생각될 수 없다는 것은 색채의 물리학이나 심리학에 속하지 않기 때문이다.

41. 모종의 물질이 회색 불꽃을 내며 탄다는 말을 나는 듣는다. 나는 어쨌든 전체 물질의 불꽃 색깔들을 알지는 못한다; 그럼 왜 그것은 가능하지 않아야 한단 말인가?

42. 우리들은 '암적색(暗赤色)의 빛남'에 관해서는 말하지만, '흑적색(黑赤色)의'[13] 빛남에 관해서는 말하지 않는다.

43. 매끄러운 흰색 표면은 반사할 수 있다. 자 그런데, 우리들이 실수를 했고, 그 표면에서 반사된 것으로 보이는 것이 **실제로는** 그 표면 뒤에 있었는데 그 표면을 통해 보였던 것이라면 어떻게 될까? 그러면 그 표면은 희면서 투명할까?

44. 우리들은 '검은' 거울에 대해 말한다. 그러나 그것이 반사하는 곳에서, 그것은 어두워지기는 하지만 검게 보이지는 않는다. 그리고

---

13 (옮긴이 주) '흑적색'으로 번역된 원말 'schwarzrot'는 일상적으로 '검붉은'이라는 뜻으로 사용되거나 '암적색(dunkelrot)'과 같은 뜻으로 사용된다.

그것을 통해 보이는 것은 '더럽게' 나타나지 않고 '깊게' 나타난다.

45. 불투명성은 흰 색깔의 **속성**이 아니다. 투명성이 초록색의 속성이 아닌 것과 마찬가지로 말이다.

46. 그리고 "흰색"이란 낱말은 그저 표면의 현상에 대해서만 적용될 거라고 말하는 것도 충분하지 않다. 우리가 "초록색"이란 낱말에 대해 두 낱말, 즉 단지 초록색 표면들을 위한 한 낱말과 투명한 초록색의 대상들을 위한 다른 한 낱말을 갖는 일도 있을 수 있을 것이다. 그럼 투명한 것에 대해서는 왜 "흰"이란 낱말에 상응하는 색채어가 존재하지 않느냐는 물음이 남을 것이다.

47. 어떤 한 매체가, 그걸 통해 보면 희고 검은 어떤 한 패턴(체스판)이 변함없이 나타나는 그런 것이라면, 비록 그것에 의해 다른 색깔들의 색상이 약해진다고 해도, 그 매체는 흰 것으로 불리지 않을 것이다.

48. 우리들은 백색 광채를 "흰색"이라고 부르려 하지 않을 수 있고, 그래서 오직 표면의 색깔로 보이는 것만을 그렇게 부르려 할 수 있을 것이다.

49. 내가 어떤 뜻에서 같은 색이라고 **보는** 내 주위 환경의 두 곳 중에서, 하나는 나에게 — 다른 뜻에서 — 흰색으로 나타나고 다른 하

나는 회색으로 나타날 수 있다.

나에게 이 색은 한 연관 속에서는 좋지 않은 조명을 받은 흰색이고, 다른 연관 속에서는 좋은 조명을 받은 회색이다.

이것은 '흰색'과 '회색'이란 개념에 관한 명제들이다.

50. 여기 내 앞에 있는 양동이는 번쩍거리는 흰색으로 칠해져 있다. 그것을 "회색"이라고 부르거나 "나는 실제로는 밝은 회색을 본다"라고 말하는 것은 불합리할 것이다. 그러나 그것은 그 나머지 표면보다 훨씬 더 밝은 흰 양광부(陽光部; 하이라이트)를 지니고 있다. 그리고 이 나머지 표면은 부분적으로는 그 빛 쪽으로 기울어져 있고 부분적으로는 그 빛에서 떨어진 쪽으로 기울어져 있는데도, 지닌 색깔이 다르게 나타남은 없다. (단지 **있음**이 아니라, **나타남**.)

51. 흰색이나 회색의 인상이 이러저러한 조건하에서 (인과적으로) 발생한다고 말하는 것과 그것이 색들과 형태들의 특정한 연관 속에서 하나의 인상이라고 말하는 것은 같은 것이 아니다.

52. **소재의 색**으로서의 흰색(눈은 희다고 말하는 그런 뜻에서의)은 다른 모든 소재의 색보다 더 밝다; 검정은 더 어둡다. **여기서 색은 어둡**게 하는 것이며, 소재에서 그런 모든 것이 제거되면 흰색이 남는다; 그리고 그런 까닭에 그것은 "색깔이 없는" 것으로 불릴 수 있다.

53. 현상학은 존재하지 않지만, 현상학적 문제들은 존재한다.

54. 모든 색채 개념이 논리적으로 같은 종류가 아니라는 것을 보기는 쉽다. 예를 들면, "금색"이나 "은색"과 "노란색"이나 "회색"이란 개념들 사이의 차이.

55. 색은 어떤 주위 환경에서 "**빛난다**". (눈이 오직 얼굴에서만 웃듯이 말이다.) '검은빛을 띤' 색깔 — 예를 들면, 회색 — 은 '빛나지' 않는다.

56. 우리가 색의 본질에 관해 숙고할 적에 느끼는 난점들(괴테가 『색채론』에서 해결하려고 한[14])은 색채 동일성이란 우리의 개념의 불확정성 속에 이미 포함되어 있다.

57.　　　　　["나는 X를 느낀다.

　　　　　　"나는 X를 관찰한다."

X는 첫 번째 문장과 두 번째 문장에서 같은 개념을 나타내지 않는다; 아마 그것이 같은 낱말 표현, 예컨대 "고통"을 나타낸다고 하더라도 말이다. 왜냐하면 "어떤 종류의 고통?" 하고 질문을 받으면, 첫 번째 경우에 나는 "이런 것"이라고 대답하면서 질문자를 가령 바늘로 찌를 수 있을 것이기 때문이다. 두 번째 경우에는 나는 동일한 질문에 다르게, 예를 들면 "내 발에 있는 고통"이라고 대답해야 한다.

또한 X는 두 번째 문장에서는 "나의 고통"을 나타낼 수 있지만, 첫

---

14 (옮긴이 주) 괴테 『색채론』의 의도에 대한 언급으로는 제II부 §16과 그 각주 참조.

번째 문장에서는 그럴 수 없다.]

58. 어떤 사람이 렘브란트의 한쪽 눈에 있는 홍채(虹彩)의 한곳을 가리키면서 다음과 같이 말한다고 생각해 보라: "내 방의 벽들은 이 색깔로 칠해져야 한다."

59. 내가 내 창문에서 보이는 경치를 그림으로 그린다; 어떤 집의 건축에서 차지하는 위치에 의해 규정된 특정한 한 곳을 나는 황갈색으로 칠한다. 나는 이곳을 이런 색으로 본다고 말한다. 이는 내가 여기서 황갈색을 본다는 것을 의미하지는 않는데, 왜냐하면 이 색소는, **그렇게** 둘러싸이면, 황갈색보다 더 밝게, 더 어둡게, 더 붉은빛을 띠게 (등등) 보일 수도 있기 때문이다. "나는 이곳을, 내가 여기서 황갈색으로 칠한 바와 같이, 그러니까 강한 붉은빛을 띤 노랑으로 본다."
그러나 만일 내가, 내가 거기서 보는 정확한 색조를 진술하도록 요구받는다면 어떻게 될까? ─ 그것은 어떻게 진술되고 어떻게 규정되어야 할까? 혹자는 내가 어떤 색견본(이 색깔을 지닌 장방형의 종잇조각)을 내보이기를 요구할 수 있을 것이다. 나는 이러한 비교가 아무런 흥미도 없을 거라고는 말하지 않는다. 그러나 그러한 비교는 색조들이 어떻게 비교되어야 하는지, 그리고 "색깔이 같음"이 무엇을 의미하는지가 처음부터 명료한 것은 아니라는 점을 우리에게 보여 준다.

60. 회화 한 점이 대충 단색의 작은 조각들로 잘라진 다음에 이것들

이 조각 맞추기 놀이의 조각으로 사용된다고 생각해 보라. 그러한 조각이 단색이 아닌 곳에서도, 그 조각은 어떤 입체적 형태를 예시하지 않고 단순히 단조로운 색 반점으로 나타나야 한다. 그것은 다른 조각들과의 연관 속에서야 비로소 한 조각의 파란 하늘, 하나의 그늘, 투명하거나 불투명한 하나의 광채 등등이 된다. 개별 조각들은 그림의 장소들이 지닌 **본래적 색깔들**을 우리에게 보여 주는가?

61. 우리들은 우리의 색채 개념 분석이 결국 우리의 시야[15] 속 **장소들의 색깔들**에 이르며, 이것들은 모든 공간적이거나 물리학적인 해석과 독립적이라고 믿는 경향이 있다; 왜냐하면 여기엔 조명도 없고, 그림자도 없으며, 광채 등등도 없기 때문이다.

62. 내 시야 속의 이 장소가 회녹색이라고 내가 말할 수 있다는 것이, 그 색조의 정확한 사본은 무엇이라고 일컬어져야 할지를 내가 안다는 것을 의미하지는 않는다.

63. 나는 한 사진(흑백사진)에서 어두운 머리칼을 지닌 한 남자와 금발 머리를 매끄럽게 뒤로 빗어 넘긴 사내아이 하나가 일부는 검게 칠해진 주물조각들과 일부는 매끄러운 회전축과 톱니바퀴들 등으로 이루어진 일종의 선반(旋盤) 앞에 서 있고 그 옆에 아연으로 도금된 밝은 철사로 이루어진 쇠창살이 있는 것을 본다. 비록 모든 것이 사

---

15 (옮긴이 주) 원문은 'Gesichtsbilds'(시각 상)인데, 이를 'Gesichtsfelds'(시야)의 오기로 보고 고쳐 옮겼다. III부 §268 참조.

진 인화지의 더 밝고 더 어두운 색조로 제시되어 있긴 하지만, 나는 가공된 철판들을 철판 색깔들로 보며, 소년의 머리칼을 금발로, 쇠창살을 아연 색깔로 본다.

64. 그러나 나는 실제로 사진 속 머리칼을 금발로 보는가? 그리고 그렇다는 것을 무엇이 말해 주는가? 주시하는 사람의 어떤 반응이, 그는 그 머리칼을 금발로 **본다**, 그리고 사진의 색조로부터 단지 추론하는 게 아니다, 라는 것을 보여 줄 것인가? — 만일 나보고 그 사진을 기술하라고 요청한다면, 나는 가장 직접적으로는 저 말로 기술을 할 것이다. 이런 종류의 기술이 인정되지 않는다면, 그때 비로소 나는 다른 기술을 찾아야 할 것이다.

65. "금발"이란 낱말조차 금발이라고 들릴 수 있다면, 사진 찍힌 머리칼은 얼마나 더 일찍이 금발로 보일 수 있을까!

66. "어떤 사람들이 우리와 다른 색채 기하학을 갖고 있을 거라고 생각될 수는 없는가?" 이것이 뜻하는 바는 물론, 우리와는 다른 색깔 개념을 가진 사람들이 생각될 수 없는가 하는 것이다. 그리고 이것이 뜻하는 바는 다시, 사람들이 우리의 색깔 개념을 갖고 있지 **않은데**, 그들이 갖고 있는 개념들 역시 우리가 "색깔 개념"이라고 부르게 될 그런 방식으로 우리의 색깔 개념과 근친적이라고 상상될 수 없는가 하는 것이다.

67. 색깔들이 더는 구별될 수 없는 늦은 저녁에 당신의 방을 주시하라 — 그리고 이제 불을 켜고, 앞서 당신이 어스름 속에서 본 것을 그림으로 그리라. — 그러한 그림에 있는 색깔들은 어떻게 어스름한 공간의 색깔들과 비교되는가?

68. "'붉은', '파란', '검은', '흰'이란 낱말들은 무엇을 의미하는가?"라고 하는 물음에 우리는 물론 그런 색깔이 있는 사물들을 즉시 가리킬 수 있다. — 그러나 이 낱말들의 의미를 설명하는 우리의 능력은 그 이상 나아가지 않는다! 그 외에 우리는 그것들의 사용에 대해서 아무런 상상도 하지 않거나, 아주 조야한, 부분적으로는 틀린, 상상을 한다.

69. 이제 자기는 "2×2=4"를 실제로 **생각**할 수 있는 데 도달했다고 이야기하는 한 논리학자를 나는 상상할 수 있다.

70. 분광색의 발생에 관한 괴테의 학설[16]은 불충분한 것으로 실증된 이론이 아니라, 본래 전혀 이론이 아니다. 그것으로는 아무것도 예측될 수 없다. 그것은 오히려 제임스의 심리학[17]에서 발견되는 것과 같은 식의 애매한 사유도식이다. 이 학설에 대한 찬반을 결정할 수 있는 결정적 실험 또한 존재하지 않는다.

---

16 (옮긴이 주) 괴테, 『색채론』 55장 "색채 조명의 물리적, 화학적 작용" 참조.
17 (옮긴이 주) W. 제임스, 『심리학 원리』(*Principles of Psychology*).

71. 괴테와 의견이 일치하는 사람은 괴테가 색의 **본성**을 올바로 인식했다고 여긴다. 그리고 여기서 본성은 실험에서 유래하는 것이 아니다; 그것은 오히려 색의 개념 속에 놓여 있다.

72. 괴테에게 하나는 논박의 여지없이 분명했다. 즉, 어두운 것들로부터는 밝은 것이 이루어질 수 없다는 것이다 ― 그림자들이 점점 더해지는 것으로부터는 빛이 나오지 않듯이 말이다. ― 그리고 이것은 다음과 같이 표현될 수 있다: 담자색이 흰빛과 붉은빛을 띤 파랑이라고 불린다면, 또는 갈색이 검은빛과 붉은빛을 띤 노랑이라고 불린다면, ― 그러면 이제 하양은 노란빛과 붉은빛과 초록빛을 띤 파랑 또는 그 비슷한 것이라고 불릴 수 **없다**. 하양은 다른 색깔들의 **중간색**이 아니다. 그리고 **이는** 스펙트럼으로 하는 실험에 의해 확인되거나 반박될 수 있는 게 아니다. 그러나 "그저 자연에 있는 색깔들을 바라보라, 그러면 당신은 그게 그렇다는 것을 볼 것이다"라고 말하는 것도 역시 잘못일 것이다. 왜냐하면 바라봄은 우리들에게 색깔들의 개념에 관해서는 가르치지 않기 때문이다.

73. 나는 색채와 배색의 성격에 관한 괴테의 소견들이 화가에게 유용할 수 있다고는 상상할 수 없다; 실내장식가에게도 거의 유용할 수 없을 것이다. 핏발이 선 눈의 색깔은 벽걸이 장식의 색깔로서 멋지게 효과를 거둘 수 있을 것이다. 색채의 성격에 관해 이야기하는 사람은 그때 언제나 그저 색채의 특수한 **한** 방식의 사용만을 생각한다.

74. 색채의 화성학이 만약 존재한다면, 그것은 가령 색깔들을 그룹별로 분할하는 것과 함께 시작하여 모종의 혼합이나 배합은 금지하고 다른 것들은 허용할 것이다. 그리고 화성학처럼, 그것은 자신의 규칙들을 정당화하지 않을 것이다.

75. '내일'이란 개념이나 '나'란 개념을, 또는 시간 읽는 법을 우리들이 가르쳐 줄 수 없는 지적 장애인들이 있을 수 있다. 그들은 '내일'이란 낱말 등의 쓰임을 배워 익힐 수 없을 것이다.

그런데 이들이 **무엇을** 배워 익힐 수 없는지를 나는 누구에게 기술할 수 있는가? 그것을 배워 익힌 사람에게만이 아닌가? A가 고등수학을 숙달하지 못했다고 하더라도, 나는 B가 고등수학을 배워 익힐 수 없다는 것을 A에게 알릴 수 없는가? 체스놀이를 배운 사람은 그것을 배우지 않은 사람과는 다르게 "체스"라는 낱말을 이해하지 않는가? 전자가 그 낱말로 할 수 있는 사용과 후자가 배운 사용 사이에는 차이들이 존재한다.

76. 하나의 놀이를 기술한다는 것은 언제나, 그걸 통해 그 놀이를 배울 수 있는 기술(記述)을 제시한다는 것을 뜻하는가?

77. 눈이 정상인 사람과 색맹인 사람은 색맹 상태에 관해 같은 개념을 갖고 있는가? 색맹인 사람은 우리의 색채어만이 아니라 "색맹"이란 낱말도 정상적인 사람처럼 사용하는 법을 배울 수 없다. 예를 들면, 그는 색맹 상태를 후자와 같은 방식으로 밝혀낼 수 없다.

78. 주황은 붉은빛을 띤 노랑이라는 우리의 표현 방식을 이해하지 못하고, 노랑에서 주황을 거쳐 빨강으로의 색채 이행을 눈앞에서 보는 경우에만 그런 말을 하는 경향이 있는 사람들이 있을 수 있을 것이다. 그리고 그런 사람들에게 "붉은빛을 띤 초록"이란 표현은 틀림없이 아무런 난점도 지니지 않을 것이다.

79. 심리학은 본다는 현상들을 기술한다. — 그것은 누구에게 기술을 하는가? 이 기술은 **어떤** 무지를 제거할 수 있는가?

80. 심리학은 관찰된 것을 기술한다.

81. 어떤 사람이 **본**다는 것이 어떠한 것인지를 우리들은 맹인에게 기술할 수 있는가? — 물론이다. 맹인은 눈이 먼 사람과 눈이 보이는 사람의 차이에 관해서 많은 것을 배운다. 그러나 그 물음은 좋지 않게 제기되었다; 마치 본다는 것이 어떤 하나의 활동이고, 그것에 대해 기술(記述)이 존재하는 듯이 말이다.

82. 나는 물론 색맹 상태를 관찰할 수 있다: 그럼 본다는 것은 왜 관찰할 수 없는가? — 나는 색맹인 사람이 — 또는 정상적인 시력을 지닌 사람이 — **모종의 상황**에서 어떤 색 판단들을 내리는지를 관찰할 수 있다.

83. 우리들은 때때로 (비록 오해에서이지만) "오직 나만이 내가 무

엇을 보는지를 안다"라고 말한다. 그러나 "오직 나만이 내가 색맹인지를 알 수 있다"라고는 말하지 않는다. ("오직 나만이 내가 보는지, 혹은 눈이 멀었는지를 알 수 있다"라고도 말하지 않는다.)

84. "나는 붉은 원을 본다"라는 진술과 "나는 본다(눈이 멀지 않았다)"라는 진술은 논리적으로 같은 종류가 아니다. 첫 번째 진술의 참은 어떻게 검사되며, 두 번째 진술의 참은 어떻게 검사되는가?

85. 그러나 내가 본다고 믿는데 눈이 멀어 있을 수 있는가? 또는 눈이 멀었다고 믿는데 볼 수 있는가?

86. "보는 사람들이 존재한다"라는 문장이 심리학 교과서에 있을 수 있을까? 그것은 거짓일까? 그러나 여기서 어떤 것이 누구에게 전달되는가?

87. "눈이 먼 사람들이 존재한다"라고 말하는 것이 무의미하지 않다면, "보는 사람들이 존재한다"라고 말하는 것이 어떻게 무의미할 수 있는가?

그러나 내가 눈이 먼 사람들의 존재에 관해서 전혀 들어 본 적이 없는데, "보지 못하는 사람들이 존재한다"라는 말을 어느 날 전해 들었다고 가정해 보자. 틀림없이 나는 이 문장을 즉시 이해할까? 나 자신이 눈이 멀어 있지 않다면, 나는 내가 보는 능력이 있다는 것을, 그리고 따라서 그런 능력이 없는 사람들이 있을 수 있다는 것을, 반드시 의식하는가?

88. 심리학자가 우리에게 "보는 사람들이 존재한다"라고 가르친다면, 우리는 그에게 물을 수 있다: "그런데 당신은 무엇을 일컬어 '보는 사람들'이라고 하는 겁니까?" 이에 대한 대답은 틀림없이, '이러저러한 상황에서 이러저러하게 행동하는 사람들'일 것이다.

제Ⅱ부

Bemerkungen über die Farben

1. 어떤 표면의 색깔 인상에 관해 이야기하면서, 우리들은 그것으로 색깔을 뜻하지 않고 (예컨대) 갈색 표면의 인상을 산출하는 색조들의 혼성을 뜻할 수 있을 것이다.

2. 흰색의 혼합은 색에서 **유색성**을 앗아 간다; 그에 반해서 노란색의 혼합은 그렇지 않다. ― 이것이, 투명하게 맑은 흰색이 있을 수 없다는 명제의 근저에 있는가?

3. 그러나 흰색의 혼합이 색에서 유색성을 앗아 간다는 것은 어떤 종류의 명제인가?

내가 그것을 뜻하는 바로는, 그것은 물리학적 명제일 수 없다.

여기서 현상학, 즉 과학과 논리학 사이의 한 중간물을 믿으려는 유혹은 매우 크다.

4. 도대체 **흐린 것**의 본질은 무엇인가? 왜냐하면 붉은 투명한 것, 노란 투명한 것은 흐리지 않고, 흰 것은 흐리기 때문이다.

5. 형태들을 감추는 것은 흐린가? 그리고 그것은 빛과 그림자를 지워 버리기 때문에 형태들을 감추는 것인가?

6. 어둠을 없애는 것은 희지 않은가?

7. 우리들은 '검은 유리'에 대해 말하기는 한다; 그러나 붉은 유리를

통해서 흰 표면을 보는 사람은 그 표면을 붉게 보지만, '검은 유리'를 통해서는 검게 보지 않는다.

8. 우리들은 명료하게 보기 위해서 종종 색깔 있는 안경알을 이용하지만, 흐린 안경알은 결코 이용하지 않는다.

9. "흰색의 혼합은 밝음과 어두움, 빛과 그림자 사이의 차이를 지워버린다": 이것은 개념들을 더 상세히 규정하는가? 나는 정말 그렇다고 믿는다.

10. 그것을 발견하지 못하는 사람은 상반되는 경험을 하는 게 아닐 것이다; 오히려 우리는 그를 이해하지 못할 것이다.

11. 철학에서 우리들은 언제나 이렇게 물어야 한다: "이 문제가 풀릴 수 있게 되려면, 우리들은 이 문제를 어떻게 바라보아야 하는가?"

12. 왜냐하면 여기(예를 들어, 색채들을 고찰할 때)에는 우선 그저, 개념들에서 그 어떤 질서를 만들 수 없는 무능력이 있을 뿐이기 때문이다.

우리는 마치 새로 칠해진 마구간 문 앞에 선 황소처럼 거기 서 있다.

13. 붉은빛을 띤 색깔 있는 유리를 통해 보이는 전망을 화가는 어떻게 묘사할 것인지에 대해 생각해 보라. 그때 생기는 것은 실로 **복잡한**

표면 그림이다. 즉, 그 그림은 붉은색과 다른 색들의 수많은 음영을 나란히 포함할 것이다. 그리고 이는 파란색 유리를 통해서 볼 때도 유사하다.

그러나 이전에는 어떤 것이 파란빛을 띠거나 붉은빛을 띠게 되었던 곳에서 그것이 흰빛을 띠게 되는 그림을 그린다면 어떻게 되는가?

14. 여기서 차이는, 붉은빛을 띤 빛을 통해서는 색깔들이 그 짙음[1]을 잃어버리지 않지만 흰빛을 띤 빛을 통해서는 잃어버린다는 것이 전부인가?

실로, 우리들은 '흰빛을 띤 빛'에 관해서는 전혀 말하지 않는다!

15. 만일 모종의 조명 아래에서 모든 것이 흰빛을 띠어 보인다면, 우리는 그 조명 빛을 발하는 것이 희게 보여야 할 거라고 추론하지 않을 것이다.

16. (예를 들면, 괴테가 하고자 했던 것과 같은) 현상학적 분석은 하나의 개념 분석이며, 물리학에 동의할 수도 모순될 수도 없다.[2]

---

1 (옮긴이 주) Sattheit. '포화도'라고도 번역된다.

2 (옮긴이 주) 비트겐슈타인은 한때 "괴테가 정말로 발견하고자 했던 것은 결코 생리학적 색채론이 아니라, 심리학적 색채론이다"(『문화와 가치』 64쪽)라고 말한 바 있다. 그러나 그때 그는 '심리학적'이란 표현을 '현상학적'이라는 말로 더 정확히 바꾸어 쓸 수 있는 것으로 생각했다고 할 수 있다. (앞 1부 §22 각주 참조.) 그러므로 여기 이 책에서 그가 괴테가 하고자 했던 것은 '하나의 개념 분석'으로서의 '현상학적 분석'(II §16)이라고 말할 때, 이 말과 저 앞의 말 사이에 큰 거리가 있다고 할 수는 없을 것이다.

17. 그러나 희게 작열하는 어떤 물체의 빛이 사물들을 밝지만 흰빛을 띠어 보이게, 그러니까 색이 희미해 보이게 — 그리고 붉게 작열하는 물체의 빛은 사물들을 붉은빛을 띠어 보이게 — 만드는 일이 어딘가에 있다면 어떻게 되는가? (오직 눈으로 볼 수 없는, 눈에 지각될 수 없는 원천 빛만이 사물들을 색깔들을 지니고서 빛나게 할 것이다.)

18. 그렇다, 우리 감각으로는 사물들에 어떤 빛도 비치지 **않을** 때, 예를 들면 하늘이 **검을** 때, 오직 그때만 사물들이 자신의 색으로 빛난다면 어떻게 될까? 그러면 우리들은 이렇게 말할 수 있지 않을까? 즉, 온전한 색깔들은 오직 검은 빛에서만 우리에게 나타난다고 말이다.

19. 그러나 여기에는 모순이 있지 않을까?

20. 나는 물체들의 색깔이 내 눈에 빛을 반사한다는 것을 **보지** 않는다.

제 II 부

Bemerkungen über die Farben

1950년 3월 24일

1. ? 그림에서는 흰색이 가장 밝은 색임이 틀림없다.

2. 예를 들면, 프랑스의 국기인 삼색기에서 하양은 파랑이나 빨강보다 더 어두울 수 없다.

3. 여기에 일종의 색채 수학이 존재한다.

[1950년] 3월 26일

4. 그러나 순수한 노랑도 역시 순수한, 짙은[1] 빨강이나 파랑보다 더 밝다. 그런데 이것은 경험의 명제인가? ― 나는 예컨대 빨강(즉, 순수한 빨강)이 파랑보다 더 밝은지 혹은 더 어두운지 모른다; 그걸 말할 수 있기 위해서는 나는 그것들을 보아야 할 것이다. 그럼에도 불구하고, 만일 내가 그걸 보았더라면, 나는 그때 그걸 한번에, 하나의 계산 결과처럼 알았을 것이다.
　여기서 논리와 경험(경험 지식)은 어디에서 분리되는가?

5. 그 의미가 명료하지 않은 낱말은 "순수한" 혹은 "짙은"이다. 우리는 이 의미를 어떻게 배우는가? 사람들이 그것으로 같은 것을 뜻한다는 것은 어떻게 드러나는가? 나는 어떤 색이 검정도 포함하지 않고 하양도 포함하지 않으면, 검은빛을 띠지도 흰빛을 띠지도 않으면, 그 색

1　(옮긴이 주) 원말은 'satt'로, '포화된'이란 뜻이기도 하다.

을 "짙은" 색이라고 부른다.

그러나 이 설명은 잠정적인 이해에만 도움이 된다.

6. 짙은 색의 개념은 어떤 **중요성**을 갖는가?

7. 한 가지 사실은 여기서 명백히 중요하다. 즉, 사람들은 색상환(色相環)에 있는 한 지점에 특별한 지위를 집어넣는다는 것이다. 즉, 그들은 이 지점을 힘들게 기억해야 할 필요가 없고, 모두가 항상 쉽게 동일한 지점을 발견한다는 것이다.

8. '색채의 자연사'가 존재하는가? 그리고 그것은 식물의 자연사와 어디까지 유사한가? 후자는 시간적이고 전자는 비시간적이지 않은가?

9. 우리가 "짙은 노랑은 짙은 파랑보다 밝다"는 심리학의 명제가 아니다(왜냐하면 오직 **그렇게**[2] 그것은 자연사일 수 있을 터이니까 말이다)라고 말한다면 ─ 이 말이 뜻하는 바는, 우리는 그것을 자연사적인 명제로 사용하지 않는다는 것이다. 그리고 그렇다면 문제는, 다른, 비시간적인 **사용**은 어떻게 보이는가 하는 것이다.

10. 왜냐하면 오직 그렇게 '색채 수학적' 명제는 자연사적 명제와 구별될 수 있을 것이기 때문이다.

---

2 (옮긴이 주) '심리학의 명제임으로써'라는 뜻으로 새겨 읽어야 할 것이다. Ⅲ부 §81 참조.

11. 또는 다시, 문제는 이것이다: 여기서 두 사용은 (명료하게) 구별될 수 있는가?

12. A와 B 두 색조가 당신에게 인상을 남겼고 A가 B보다 밝다면, 그리고 그다음에 당신이 한 색조를 "A"라고 부르고 다른 한 색조를 "B"라고 부르지만 후자가 전자보다 밝다면, 그러면 당신은 그 색조들을 잘못 명명한 것이다. (이것이 논리이다.)

13. 짙은 X가 짙은 Y보다 한번은 밝고 한번은 어두울 수 없다는 것, 즉 그것이 한번은 더 밝고 한번은 더 어둡다고 말하는 것은 아무런 뜻이 없다는 것, ─ '짙은' 색이라는 개념은 이런 종류의 것일 것이다. 이것은 하나의 개념 규정이며, 다시 논리에 속한다.

그렇게 규정된 개념이 **유용**한지, 혹은 유용하지 않은지는 여기서 결정되어 있지 않다.

14. 이 개념은 단지 **매우** 제한된 사용만이 가능할 것이다. 더욱이 그 까닭은, 우리가 통상 짙은 색 X라고 부르는 것은 특정한 주위 환경 내에서의 색깔 인상이기 때문이다. 이는 '투명한' X와 비교될 수 있다.

15. '짙은 색깔들'이란 개념을 가지고 하는 단순한 언어놀이들의 예를 제시하라!

16. 나는 모종의 화학적 결합들은, 예를 들면 특수한 산성 소금은,

짙은 색깔을 지닐 것이고 그렇게 인식될 수 있을 것이라고 가정한다.

17. 또는 어떤 꽃들의 원산지는 그것들의 색의 짙기에 따라 추측될 수 있을 것이다. 그래서 예를 들면 다음과 같이 말할 수 있을 것이다: "그것의 색깔이 그처럼 강렬하니, 그건 고산식물임이 틀림없다."

18. 그러나 그런 경우에 더 밝고 더 어두운 짙음의 정도를 지닌 빨강 등이 존재할 수 있을 것이다.

19. 그리고 나는 인정해야 하지 않는가, 문장들은 종종 논리와 경험 지식의 경계에서 사용되고, 그래서 그것들의 뜻은 그 경계를 넘어 이리저리 바뀌고, 그것들은 때로는 규범의 표현으로서, 때로는 경험의 표현으로서 취급된다는 것을.

왜냐하면 논리적 문장을 경험적 문장과 구별하는 것은 실로 '사고'(심적 동반 현상)가 아니라 그것의 사용(그것을 둘러싸고 있는 어떤 것)이기 때문이다.

20. 잘못된 그림은 혼란을 주고, 올바른 그림은 도움을 준다.

21. 문제는 예컨대 다음과 같이 될 것이다: "짙은 초록"이 무엇을 뜻하는지가, 짙은 빨강이나 노랑 혹은 파랑이 무엇인지를 가르치는[3]

---

3 (편집자 주) 원문에서 이 말('lehrt')은 '비우는(leert)'을 수정한 것으로 되어 있다.

것을 통해 가르쳐질 수 있는가?

22. '광채', '양광부(陽光部)'는 검을 수 없다. 내가 그림에서 양광부의 밝음을 암흑으로 대체한다면, 이제 그것은 검은 양광부가 아닐 것이다: 게다가 그 까닭은 단순히 자연에서 양광부가 오직 그렇게 생겨나고 다르게 생겨나지 않기 때문이 아니라, 우리가 이 지점에서 어떤 **빛**에 대해 특정한 방식으로 반응하기 때문이기도 하다. 한 깃발은 노랗고 검을 수 있고, 다른 한 깃발은 노랗고 흴 수 있다.

23. 그림에 그려진 투명성은 불투명성과는 다르게 작용한다.

24. 투명한 흰색은 왜 가능하지 않은가? — 투명한 붉은 물체를 그리고 그다음 붉은색을 흰색으로 대체하라!
검정과 하양은 색의 투명성에서 이미 영향력을 행사하고 있다.
붉은색을 흰색으로 대체하면, 투명성의 인상은 더는 성립하지 않는다; 도안 ⟠에서 도안 ⟤을 만들면 입체성의 인상이 더는 성립하지 않듯이 말이다.

[1950년] 3월 27일
25. 짙은 색은 왜 단순히 이 색, 또는 이 색, 또는 이 색, 또는 이 색이 아닌가? — 왜냐하면 우리들은 그것을 다른 방식으로 재인식하거나 규정하기 때문이다.

26. 우리를 불신하게 만들 수 있는 것은, 상당수의 사람들은 세 가지 원색을 인식한다고 믿는데, 상당수의 사람들은 네 가지 원색을 인식한다고 믿는다는 것이다. 상당수의 사람들은 초록이 파랑과 노랑의 중간색이라고 간주했는데, 예를 들어 나에게는 그것은 모든 **경험**을 도외시해도 거짓으로 보인다.

파랑과 노랑 및 빨강과 초록은 나에게는 상반되는 것들로 보인다 — 그러나 이는 단순히, 내가 그것들을 색상환에서 대치되는 지점에서 보는 데 익숙해져 있다는 것에서 비롯될지도 모른다.

실로, 순수한 색의 수(數)에 대한 물음은 나에게 (말하자면 심리학적으로) 어떤 **중요성**을 지니는가?

27. 나는 논리적으로 중요한 것을 **하나** 본 것처럼 보인다: 초록이 파랑과 노랑의 중간색이라고 일컬어진다면, 예컨대 단지 가볍게 파란빛을 띤 노랑, 혹은 단지 약간 노란빛을 띤 파랑이라고 하는 것도 말해질 수 있어야 한다. 그리고 이러한 표현들은 나에게 아무것도 말하지 않는다. 그러나 그것들은 다른 사람에게는 무엇인가를 말할 수 있지 않을까?

그러니까 어떤 사람이 나에게 어떤 벽의 색깔을 기술하기를 "그 색은 약간 붉은빛을 띤 노랑이었다"라고 한다면, 나는 그를 이렇게 이해할 수 있을 것이다. 즉, 나는 수많은 견본 중에서 대충 올바른 것을 선택할 수 있을 것이라고 말이다. 그러나 그 색이 약간 파란빛을 띤 노랑이라고, **이렇게** 기술하는 사람에게는 나는 그런 어떤 견본을 가리킬 수 없을 것이다. — 여기서 우리들은, 그 색은 한 경우에는 상상될 수 있고 다른 경우에는 상상될 수 없다고 말하곤 하지만, ─ 그러나 이 표현은 우리를 오도하기 쉽다. 왜냐하면 여기서 어떤 하나의 그림이 내적인 눈앞에 떠오르는 것을 생각할 필요는 전혀 없기 때문이다.

28. 절대 음감이 존재하는데 그것을 소유하지 못한 사람이 존재하듯이, 색깔을 보는 것과 관련해서 수많은 상이한 재능들이 존재한다는 상상이 가능할 것이다.

예를 들면, '짙은 색'의 개념을 '따뜻한 색'의 개념과 비교하라. 모든 사람이 '따뜻한' 색들과 '차가운' 색들을 알고 있어야 하는가? 그들이 색깔들의 특정한 논리합(論理合)을 이렇게 내지 저렇게 명명하는 것을 단순히 배운다는 것을 제외하면 말이다.

예를 들면, 어떤 **화가**는 '네 개의 순수한 색'[4]이란 개념을 전혀 갖고 있지 않을 수 있지 않을까? 심지어 그런 것에 관해 말하는 것을 웃기는 일로 볼 수 있지 않을까?

29. 또는 이렇게도 물을 수 있겠다: 이러한 개념이 전혀 자연스럽지 않은 사람들에게는 무엇이 모자라는 걸까?

30. 이렇게 물으라: "붉은빛을 띤"이 무엇을 의미하는지 당신은 아는가? 그리고 당신이 그걸 안다는 것을 당신은 어떻게 보여 주는가?

---

4 (옮긴이 주) 앞의 두 절에서 이야기된 빨강, 노랑, 파랑, 초록을 말한다. (『철학적 소견들』 §116 참조: "……'A는 순수한 색을 지니고 있다'라는 문장은 단순히 'A는 붉거나 노랗거나 파랗거나 초록색이다'라는 말이다.") 순수한 색에 초록을 포함하는 이유에 대해서는 뒤의 §§111-113과 §§133-134에서도 더 이야기된다.

언어놀이들: "붉은빛을 띤 노랑(하양, 파랑, 갈색)을 보여 달라!" ─ "훨씬 더 붉은빛을 띤 것을 보여 달라!" ─ "조금 덜 붉은빛을 띤 것을 보여 달라!" 등등. 이제 당신은 이 놀이들을 완전히 익혀서, "약간 붉은빛을 띤 초록을 보여 달라!"라는 요구를 받는다. 이제 두 가지 경우를 가정하라. 그 하나: 당신은 그 요구로 인해 어떤 한 색깔을 ─ 예를 들면 (가령) 올리브 초록색[5]을 ─ (그리고 언제나 같은 색깔을) 가리킨다. 다른 하나: 당신은 "나는 그게 무슨 말인지 모르겠다"라고 말하거나 "그런 건 존재하지 않는다"라고 말한다.

　우리들은 이렇게 말하고 싶어질 수 있을 것이다. 즉, 그 한 사람은 그 다른 사람과 다른 색채 개념을 가지고 있을 거라고. 또는 '······빛을 띤'에 대해 다른 개념을 가지고 있을 거라고 말이다.

31. 우리는 "색맹 상태"에 관해 이야기하며, 그것을 하나의 **결함**이라고 부른다. 그러나 여러 상이한 체질이 쉽게 있을 수 있는데, 그중 어느 것도 다른 것들에 대해 명백하게 열등하지 않다. ─ 그리고 어떤 사람은 자신이 색맹 상태임을 특별한 기회에 그것이 드러나기 전까지는 알아채지 못한 채로 전 생애를 보낼 수 있다는 것도 생각하라.

32. 그러니까 상이한 사람들이 상이한 색채 개념들을 가질 수 있는가? ─ **약간** 상이한 색채 개념들. 한 특징이나 다른 특징에서 상이한. 그리고 이는 그들의 의사소통을 다소간 침해할 것이지만, 종종 거의

5　(옮긴이 주) '올리브 초록색(Olivgrün)'은 황록색(Gelbgrün)에 해당한다.

전혀 침해하지 않을 것이다.

33. 여기서 나는 철학적 문제의 본성에 관해 보편적인 소견 하나를 말했으면 한다. 철학적 불명료성은 괴롭다. 그것은 부끄럽게 느껴진다. 우리들은 (길을) 훤히 알아야 **마땅할** 곳에서 훤히 알지 못한다고 느낀다. 그리고 그와 동시에, 그건 분명 그렇지가 **않다**. 우리는 이러한 구별들 없이도, 심지어 여기서 훤히 앎이 없이도, 매우 잘 살 수 있다.

34. 색채 혼합과 '중간색'은 어떻게 연관되는가? 중간색들은, 색채들이 혼합을 통해 산출되는 일은 없고 단지 현존하는 색조들이 **선택되기만** 하는 언어놀이에서는 명백히 이야기될 수 있다.

그럼에도 불구하고 중간색이란 개념의 **한 가지** 쓰임은 또한 하나의 색조를 산출하는 색채 혼합을 인식하는 것이다.

35. 리히텐베르크는 오직 소수의 사람만이 언젠가 순수한 흰색을 본 적이 있을 것이라고 말한다. 그러니까 대부분의 사람은 그 낱말을 잘 못 사용하고 있는가? 그리고 어떻게 **그는** 올바른 쓰임을 배웠는가? ─ 오히려: 그는 실제의 쓰임에서 하나의 이상적인 쓰임을 구성한 것이다. 하나의 기하학을 구성하듯이 말이다. 그러나 여기서 "이상적인"이란 말로 뜻해진 것은 뭔가 특별히 좋은 것이 아니라, 단지 극단으로 몰아세워진 어떤 것이다.

36. 그리고 물론 그렇게 구성된 쓰임이 우리에게 다시 실제의 쓰임에 관해 가르쳐 줄 수 있다.

그리고 예를 들면 과학적 목적을 위해 우리가 '순수한 흰색'의 새로운 개념을 도입하는 일도 있을 수 있을 것이다.

(그와 같은 새로운 개념은 그러면 가령 '소금'의 화학적 개념에 대응할 것이다.)

37. 하양과 검정은 노랑, 빨강, 그리고 파랑과 어느 정도까지 비교될 수 있고, 어느 정도까지 비교될 수 없는가?

붉은색과 파란색과 초록색과 노란색과 검은색과 흰색의 사각형들로 이루어진 주사위 문양의 벽지가 있다면, 우리는 그것들이 **두 가지의** 구성 성분으로, 가령 '색깔 있는' 것과 '색깔 없는' 것으로, 합성되어 있다고 말하는 데로 기울어지지 않을 것이다.

38. 자, 이제 사람들은 색이 있는 그림들과 흑백 그림들을 대조하지 않고 색이 있는 그림들과 청-백 그림들을 대조한다고 상상하자. 즉, 파랑도 **본래적인** 색이 아닌 것으로 느껴질 (즉 쓰일) 수 없을까?

39. 내 느낌에 따르면, 파랑은 노랑을 지워 없앤다, — 그러나 내가 약간 초록빛을 띤 노랑을 "파란빛을 띤 노랑"이라 부르고, 초록을 파랑과 노랑의 중간색이라고 부르고, 강하게 파란빛을 띤 초록을 약간 노란빛을 띤 파랑이라고 불러서는 왜 안 될까?

40. 초록빛을 띤 노랑에서 나는 아직 파란 **어떤 것도** 알아채지 못한다. ─ 초록은 나에게는 파랑에서 노랑으로 가는 색채-길에 있는 하나의 특수한 정거장이고, 빨강도 역시 그러한 하나의 정거장이다.

41. 파랑과 노랑 사이의 색채-길을 알고 있을 사람은 나보다 무엇이 우월할까? 그리고 내가 그와 같은 길을 알지 못한다는 것은 어떻게 드러나는가? ─ 모든 것은 "……빛을 띤"의 형식을 지닌, 나에게 가능한 언어놀이들에 달려 있는가?

42. 그러므로 우리들은 자문해야 할 것이다: 정상적으로 보는 우리도 알지 못하는 색깔들을 사람들이 알고 있다면, 그건 어떻게 보일까? 이 물음은 일반적으로 일의적인 대답을 허용하지 않을 것이다. 왜냐하면 그러한 비정상인들에 대해서 우리가, 그들은 다른 **색들**을 알고 있다고 **말해야 한다**는 것이 곧바로 분명하지는 않기 때문이다. 색이 무엇인지에 대해서는, 그것은 우리의 색깔들 중 하나라는 것을 제외하면, 보편적으로 인정된 기준이 실로 존재하지 않는다.

그럼에도 불구하고 "이 사람들은 우리의 색들 외에도 다른 색들을 더 본다"라고 우리가 말하게 될 상황들이 상상 가능할 것이다.

[1950년] 3월 28일
43. 철학에서는, 단지 모든 경우에 대상에 대해 **무엇을** 말할 수 있는가를 배워야 하는 것이 아니라, 대상에 대해 **어떻게** 말해야 하는가를 배워야 한다. 우리들은 대상에 다가설 수 있는 방법을 언제나 먼저

배워야 한다.

44. 또는: 더 진지한 모든 문제에서 불확실함은 뿌리까지 내려가 다다른다.

45. 우리들은 언제나, **전적으로** 새로운 것을 배울 각오가 되어 있어야 한다.

46. 색깔들에서: 근친 관계와 대립. (그리고 그것은 논리이다.)

47. "갈색은 노란색과 근친적이다"는 무슨 뜻인가?

48. 그것은 약간 갈색빛을 띤 노랑을 선택하는 과제가 즉시 이해될 것이라는 뜻인가? (혹은 약간 노란빛을 띤 갈색.)

49. 두 색깔 사이의 유색 매개.

50. "노랑은 파랑보다 빨강에 더 근친적이다."

51. 검정-빨강-금(색)과 검정-빨강-노랑 사이의 차이. — 금은 여기서 색채로 간주된다.

52. 우리가 사물들의 색깔에 관해 여섯 개의 색 이름을 이용해 의

사소통할 수 있다는 것은 사실이다. 또한 우리가 "붉은빛을 띤 초록", "노란빛을 띤 파랑" 등의 낱말들을 사용하지 않는다는 것도 사실이다.

53. 조각 그림 맞추기 놀이를 놀이조각들의 기술을 통해 기술하기. 나는 이 조각들이 결코 입체적인 형태를 보인 적이 없고 우리에게 편편한 단색 또는 다색의 조각들로 나타난다고 가정한다. 함께 모여야만 비로소 어떤 것은 하나의 '그림자', 하나의 '광채', 하나의 '오목한 또는 볼록한 단색 표면' 등등이 된다.

54. 나는 "이 사람은 빨강과 초록을 구별하지 않는다"라고 말할 수 있다. 그러나 "우리 정상인들은 빨강과 초록을 구별한다"라고 말할 수 있는가? 그러나 우리는 이렇게 말할 수 있다: "우리는 **여기서** 두 가지 색을 보는데, 저 사람은 단지 **한 가지** 색을 본다."

55. 색맹 **현상들**에 대한 기술(記述)은 심리학에 속한다. 그러니까 정상적으로 색깔을 보는 현상들도 역시 그러한가? 물론이다, ― 그러나 그러한 기술은 무엇을 전제하는가? 그리고 그것은 누구를 위한 기술인가? 또는 더 낫게 표현하자면: 그것은 어떤 수단을 이용하는가? 내가 "그것은 무엇을 전제하는가"라고 말할 때, 그것은 "그것을 **이해하**기 위해서는, **그것**에 어떻게 반응해야 하는가?"를 뜻한다. 색맹 현상들을 책에서 기술하는 사람은 보는 사람의 개념들을 가지고 기술한다.

56. 이 종이는 서로 다른 곳에서 그 밝기가 서로 다르다; 그러나 나는 그것이 오직 어떤 곳에서만 흰색이고, 다른 곳에서는 회색이라고 말할 수 있는가? — 그렇다, 내가 그것을 그림으로 그린다면, 틀림없이 나는 좀 더 어두운 곳들에 대해서는 회색을 혼합할 것이다.

표면의 색은 표면의 질(質)이다. 그러므로 우리들은 그것을 순수한 색채 개념이 아니라고 하려는 유혹을 받을 수 있을 것이다. 그러나 그렇다면 **순수한** 색채 개념이란 무엇일까?!

57. **그림**에서는 흰색이 언제나 가장 밝은 색임이 틀림없다고 하는 것은 옳지 않다. 그러나 물론 색채 반점들의 편편한 조합에서는 옳다. 그림은 흰색의 종이 책이 그늘 속에 있는 것을 묘사할 수 있을 것이며, 이 책보다 더 밝게, 노랗거나 파랗거나 붉은빛을 띠고 빛나는 하늘을 묘사할 수 있을 것이다. 그러나 내가 편편한 표면, 예컨대 벽지를 기술하기를, 그것은 순수하게 노란 사각형들과 붉은 사각형들과 파란 사각형들과 흰 사각형들과 검은 사각형들로 이루어져 있다고 한다면, 노란 사각형들은 흰 사각형들보다 더 밝을 수 없고, 붉은 사각형들은 노란 사각형들보다 더 밝을 수 없다.

그런 까닭에 괴테에게 색채들은 그림자들이었다.[6]

58. 표면색보다 더 근본적인[7] 색채 개념이 존재하는 것처럼 보인

---

6 (옮긴이 주) 괴테, 『색채론』 서론 참조.
7 (편집자 주) 이 표현 대신 '더 단순한', '더 요소적인', '더 순수한'과 같은 표현들이 대신 선택될 수 있다.

다. 그 개념은 — 우리들은 이렇게 생각하고 싶을 것이다 — 시야의 작은 색채 요소들에 의해 제시될 수 있거나, 아니면 별들의 방식에 따라 빛나는 점들에 의해 제시될 수 있을 것이다. 이 색채 점들이나 작은 색채 반점들로부터 색깔 있는 더 큰 범위의 부분들이 또한 합성된다. 그래서 표면의 색 인상은 그러니까 많은 작은 색채 반점들이 표면에서 차지하는 위치들을 진술함으로써 기술될 수 있을 것이다.

그러나 그런 작은 색견본들을 표면의 더 큰 한 조각과 어떻게 비교해야 하는가? 색견본은 어떤 주위 환경이 있어야 하는가?[8]

59. 통상적인 삶에서 우리는 순전히 순수하지 않은 색채들로 거의 둘러싸여 있다. 우리가 **순수한** 색채의 개념을 형성했다는 것은 그래서 더 주목할 만하다.

[1950년] 3월 29일

60. 왜 우리는 '순수한' 갈색에 대해서는 말하지 않는가? 그 이유는 단지, 다른 '순수한' 색들에 대한 갈색의 위치, 즉 그것들 모두와 갈색의 근친 관계 때문인가? — 갈색은 무엇보다도 단지 표면색일 뿐이다. 즉, **맑은** 갈색은 없고, 오직 흐린 것만이 있다. 또한 갈색은 검정을 포함한다. — (?) — 사람이 어떻게 행동해야 우리들이 그에 대해, 그는 **순수한, 기본적인** 갈색을 안다는 말을 할 수 있을까?

---

8 (옮긴이 주) 『철학적 소견들』 §205 참조.

61. 우리는 되풀이하여 다음의 물음을 명심해야 한다. 즉, 사람은 색깔 이름들의 의미를 어떻게 배우는가?

62. "갈색은 검정을 포함한다"는 무슨 뜻인가? 갈색에는 검은빛을 더 띠는 것과 덜 띠는 것이 있다. 전혀 검은빛을 띠지 않는 것이 존재하는가? 전혀 **노란빛을 띠지** 않는 것은 확실히 존재하지 않는다.[9]

63. 그런 식으로 더 숙고한다면, 우리가 처음에는 생각하지 않았던 색채의 '내적 특성들'이 점차 우리에게 떠오른다. 그리고 이것은 우리에게 철학적 탐구의 진행을 보여 준다. 우리는 우리가 고려하지 않았던 새로운 것이 우리에게 떠오르는 것을 늘 각오하고 있어야 한다.

64. 우리는 또한, 우리의 색채어는 우리의 시선이 배회하는 표면의 인상을 특징짓는다는 것도 잊어서는 안 된다. 그걸 위해 그것들이 있는 것이다.

65. "갈색의 빛". 거리의 신호등 불빛이 **갈색**이어야 한다는 제안이 있다고 가정해 보자.

66. **기대될 수** 있는 것은 단지, 우리가 (예를 들면 "아른거리는"처럼) 넓게 퍼진 표면의 색채 특징인 형용사들 아니면 **특정한 주위 환경**

---

9 (편집자 주) 원고에서 여기는 아마 물음표를 포함할 수 있을 것이다.

에 있는 작은 넓이의 색채 특징인 형용사들("깜빡이는", "가물거리는", "번쩍거리는", "빛나는")을 발견할 것이라는 것이다.

67. 그렇다, 순수한 색들은 결코 보편적으로 쓰이는 특별한 이름들을 지니고 있지 않으며, 그래서 우리에게 별로 중요하지 않다.

68. 어떤 사람이 자연의 모든 임의의 부분을 그림으로 그린다고, 그것도 자연 그대로의 색깔로 그린다고 상상해 보자. 그러한 채색화의 모든 표면 부분은 특정한 색깔을 지닌다. 어떤 색깔을? 나는 그것들의 이름을 어떻게 결정하는가? 그것들은 그가 칠한 물감이 (예를 들면) 구입될 때 지녔던 이름을 지녀야 할까? 그러나 그러한 물감은 특별한 주위 환경에서는 팔레트 위에서와는 전혀 다르게 보일 수 있지 않을까?

69. 그러니까 그렇게 우리는 아마도 (예를 들면) 검은 바탕 위에 있는 작은 색 조각들에 특별한 이름들을 부여하는 데 이르게 될 것이다.
　이로써 내가 보여 주고자 하는 것은 본래, 어떤 것이 단순한 색채 개념들인지는 전혀 선천적으로 명료하지 않다는 것이다.

[1950년] 3월 30일
70. 더 어두운 색은 동시에 더 검은빛을 띤 색이라는 것은 참이 아니다. 그것은 실로 분명하다. 짙은 노랑은 더 어둡지만, 흰빛을 띤 노랑보다 더 검은빛을 띠지는 않는다. 그러나 호박색 또한 '검은빛을 띤 노랑'이 아니다. (?) 그럼에도 불구하고 우리들은 '검은' 유리나 거울

에 관해서도 이야기한다. — 난점은 내가 "검정"으로 본질적으로 표면색을 뜻한다는 데 있는가?

나는 루비에 대해, 그것은 검은빛을 띤 붉은색을 지닌다고 말하지 않을 것이다. 왜냐하면 그건 **흐림**을 암시할 것이기 때문이다. (다른 한편으로, 흐림과 투명성은 **그려질** 수 있다는 것을 기억하라.)

71. 나는 색채 개념들을 감각의 개념들과 비슷하게 취급한다.

72. 색채 개념들은 감각의 개념들과 비슷하게 취급될 수 있다.

73. **정해진 하나의** 순수한 색채 개념은 없다.[10]

74. 유사한가? 후자는 시간적이고 어디에서 오는가? 그것은 다른 모든 것과 마찬가지로 논리에서의 성급한 단순화가 아닌가?

75. 즉, 상이한 색채 개념들이 서로 아주 밀접하게 근친적이고, 상이한 '색채어들'이 근친적인 쓰임을 지니고 있지만, 갖가지 차이들이 존재한다.

---

10 (옮긴이 주) '**정해진 하나의**'는 강조된 정관사 '*den*'의 번역이다. 이 절의 내용과 관련해서는 유고 MS 169 79v의 다음과 같은 말 참조: "그러므로 나는 이렇게 말하고자 한다: 우리의 통상적인 색채 개념들에서 우리들이 만들어 냈으면 하는 '**순수한**' 색이란 개념은 하나의 키메라이다. 물론, 상이한 색채 개념들이 존재하며, 그것들 중에는 더 순수하고 덜 순수한 것들이라고 부를 수 있는 그런 것들이 존재한다. "키메라" 대신 나는 "잘못된 이상화"라고 말할 수 있었을 것이다. 플라톤의 이데아들은 아마 잘못된 이상화일 것이다."

76. 룽게는 투명한 색들과 불투명한 색들이 있다고 말한다. 그러나 그 때문에 그림에서 한 조각의 초록색 유리가 초록색 천과 다른 초록색으로 칠해지지는 않는다.

77. 양광부를 색채에 의해 묘사하는 것은 회화의 독특한 한 걸음이다.

78. 색채 개념에서의 불확정성은 무엇보다도 색채 동일성 개념의 불확정성에, 그러니까 색채들을 비교하는 방법의 불확정성에 있다.

79. 금색이 존재하지만, 렘브란트는 금빛 투구를 금색을 가지고 묘사하지 않았다.[11]

80. 회색을 중립적인 색으로 만드는 것은 무엇인가? 그것은 생리학적인 어떤 것인가, 혹은 논리적인 어떤 것인가?
   다채로운 색들을 **다채로운** 색들로 만드는 것은 무엇인가? 그것은 개념에 있는가, 혹은 원인과 결과에 있는가?
   하양과 검정은 왜 '색상환'에서 취해지지 않는가? 단지 그것이 우리 안에 있는 감정에 반하기 때문인가?

81. 빛나는 회색이란 존재하지 않는다. 이는 회색의 개념에 속하는가, 혹은 회색의 심리학에, 그러니까 자연사에 속하는가? 그리고 내

---

11 (옮긴이 주) 렘브란트의 그림 〈황금 투구를 쓴 남자〉 참조.

가 그것을 알지 못한다는 것은 이상하지 않은가?

82. 색깔들에는 특징적인 원인과 결과들이 있다는 것, 이것을 우리는 안다.

83. 회색은 두 가지 극단(검정과 하양) 사이에 있고, 다른 모든 색 각각의 색조를 띨 수 있다.

84. 우리가 희게 보는 모든 것을 어떤 사람은 검게 보고, 그 역도 마찬가지인 일이 생각될 수 있을까?

85. 다채로운 견본에서는 검은색과 흰색이 붉은색과 초록색 등과 나란히, 다른 종류로 분리됨이 없이 있을 수 있을 것이다.
오직 색상환에서만 그것은 떨어져 나올 것이다. 그저 검정과 하양이 다른 모든 색과 혼합된다는 이유만으로도; 특히 또한, 둘 다 그것들의 반대 극과 혼합된다는 이유만으로도 말이다.

86. 사람들이 우리 정상인들과는 다른 색채 기하학을 갖고 있을 것이라는 상상이 가능할 수 없는가? 그리고 이것이 뜻하는 바는 물론, 우리들은 그것을 기술할 수 있는가, 그것을 기술하라는 요구를 즉시 따를 수 있는가, 그러니까 우리에게 요구되는 것을 **명확히** 아는가 하는 것이다.
난점은 명백히 이것이다. 즉, 문제되고 있는 바로 그 색채 기하학이, 요컨대 색깔들이 이야기되고 있다는 것을 우리에게 보여 주지 않는가?**[12]**

87. 그것을 상상하는 (혹은 그것을 마음속에 그리는) 난점은 그러니까 본래, 언제 **그것이** 마음속에 그려졌는가를 아는 것이다. 즉, 그것을 상상하라는 요구의 불확정성이다.

88. 난점은 그러니까, 여기서 무엇이 우리에게 친숙한 것의 유사물로서 간주될 수 있는지를 아는 것이다.

89. 벽의 색깔로서는 '더러운' 것일 터인 어떤 색이 그 때문에 회화에서도 더러운 것은 아니다.

90. 나는 색채의 성격에 관한 괴테의 소견들이 화가에게 유용할 수 있다는 것을 의심한다. 그 소견들은 실내장식가에게도 거의 유용할 수 없을 것이다.

91. 색채의 화성학이 만약 존재한다면, 그것은 가령 색깔들을 상이한 그룹별로 분할하는 것과 함께 시작하여 모종의 혼합이나 배합은 금지하고 다른 것들은 허용할 것이다; 그리고 화성학처럼, 그것은 자신의 규칙들을 정당화하지 않을 것이다.

---

12 (옮긴이 주) 제I부 §66/제III부 §154 참조. (영어 번역은 마지막 문장의 원문에서 'wovon die Rede ist'를 목적절로 보아 다음과 같은 뜻으로 옮기고 있다: "바로 그 색채 기하학이 우리가 무엇에 관해 이야기하고 있는가를, 즉 우리가 색깔들에 관해 이야기하고 있다는 것을 우리에게 보여 주지 않는가?")

92. 그것은 색채들 사이의 저 구별 **방식**에 관해 우리에게 아무런 빛도 던질 수 없는가?

93. [우리는 "A는 어떤 것을 알고, B는 그 반대를 안다"라고 말하지 않는다. 그러나 '안다' 대신에 '믿는다'고 한다면, 그것은 하나의 명제이다.]

94. 룽게가 괴테에게[13]: "파란빛을 띤 주황색이나 붉은빛을 띤 초록색, 또는 노란빛을 띤 보라색을 생각하려고 한다면, 남서풍적인 북풍에서와 같은 그런 기분이 들 것이다."

같은 글에서: "하양과 검정은 둘 다 불투명하거나 물체적이다.······ 순수한 흰색의 물을 생각할 수는 없을 것이다; 맑은 우유를 생각할 수 없듯이 말이다. 검정이 단지 어둡게 만든다면, 그건 과연 맑을 수 있을 것이다; 그러나 그건 더럽히므로, 그런 것일 수 없다."

95. 내 방에는 내 주위에 서로 다른 색깔을 지닌 대상들이 있다. 그 것들의 색깔을 진술하는 것은 쉽다. 그러나 내가 지금 여기서부터 가령 내 책상의 이 자리에서 보는 색깔이 어떤 것인가 하고 질문을 받으면, 나는 거기에 대해 대답할 수 없을 것이다. 그 자리는 흰빛을 띠고 있다(왜냐하면 그 갈색 책상은 여기서 밝은 벽에 의해 밝혀지고 있기 때문이다); 그 자리는 어쨌든 책상의 나머지보다 훨씬 더 밝다. 그러

---

13 (옮긴이 주) 괴테, 『색채론』 결론 전의 '부록' 참조. (이 부분은 우리말 번역에는 빠져 있다.)

나 나는 색견본들에서 책상의 이 자리와 같은 색조를 지닐 하나의
색견본을 고를 수 없을 것이다.

96. 어떤 것이 나에게 — 또는 모든 사람에게 — 그렇게 보인다
는 것으로부터, 그것이 그렇다(그렇게 **있다**)[14]는 것은 따라 나오
지 않는다.

    그러니까: 이 책상이 우리 모두에게 갈색으로 보인다는 것으로부
터, 그것이 갈색이라는 것은 따라 나오지 않는다. 그러나 "어쨌든 이
책상은 결국 갈색이 아니다"는 도대체 무슨 말인가? — 그러니까, 그
것이 우리에게 갈색으로 보인다는 것으로부터, 그것은 갈색이라는
것이 어쨌든 따라 나오는가?

97. 우리는 시력이 정상인 사람에게 어떤 상황에서 갈색으로 보이
는 책상을 **일컬어** 바로 갈색이라고 하지 않는가? 물론 우리는 사물들
이 그것들의 색깔과는 독립적으로 한번은 이런 색으로, 한번은 저런
색으로 보이는 어떤 사람을 생각해 볼 수 있을 것이다.

98. 그것이 사람들에게 그렇게 보인다는 것은, 그것이 그렇게 **있다**
는 것에 대한 사람들의 기준이다.

99. 그렇게 보임과 그렇게 있음은 예외적인 경우에는 물론 서로 독

---

14 (옮긴이 주) '그렇다(그렇게 있다)'의 원말은 'so ist'이다.

립적일 수 있지만, 이것이 그것들을 논리적으로 독립적으로 만들지는 않는다; 언어놀이는 예외에 있지 않다.

100. **'금빛'**은 표면색이다.

101. 우리는 낱말들의 사용에 관해 **편견들**을 갖고 있다.

102. "'붉은', '파란', '검은', '흰'은 무엇을 의미하는가?"라고 하는 물음에 우리는 물론 그런 색깔이 있는 사물들을 즉시 가리킬 수 있다, ─ 그러나 그게 또한 전부이다: 그 의미들을 설명하는 우리의 능력은 그 이상 나아가지 않는다.

103. 그 외에 우리는 그것들에 대해서 아무런 상상도 하지 않거나, 아주 조야한, 부분적으로는 틀린, 상상을 한다.

104. '어두운'과 '검은빛을 띤'은 같은 개념이 아니다.

105. 룽게는 검정은 '더럽힌다'고 말한다: 그것은 무슨 뜻인가? 그것은 심정에 대한 검정의 영향인가? 검은색의 혼합이 주는 **영향**이 여기서 뜻해진 것인가?

106. 어두운 노랑이, 비록 우리가 그것을 어둡다고 부르기는 하지만, 반드시 '검은빛을 띤' 것으로 느껴지지는 않는 것은 왜 그런가?

색채 개념들의 논리는 보기보다 훨씬 더 복잡하다.

107. '광택이 없는'이라는 개념과 '번쩍거리는'이라는 개념. '색채'의 개념으로 공간 속 어떤 한 점의 속성인 것을 생각한다면, 광택이 없다와 번쩍거린다고 하는 개념들은 이런 색채 개념과는 아무 관련이 없다.

108. 색채의 문제에 대한 최초의 해결로서 우리 머리에 떠오르는 것은, '순수한' 색채 개념들은 공간 속의 점들이나 분할할 수 없는 작은 반점들과 관계한다는 것이다. 물음: 그러한 두 점의 색은 어떻게 비교될 수 있는가? 단순히 한 점으로부터 다른 한 점으로 시선을 돌림으로써? 또는 색깔 있는 한 대상을 옮겨 보냄으로써? 후자라면, 이 대상이 그때 색깔이 바뀌지 않았다는 것을 우리들은 어떻게 아는가? 전자라면, 그 색 점들을 서로 비교하는 일이 그것들의 주위 환경에 의해 영향을 받지 않고서 어떻게 가능한가?

109. 이제 자기는 2×2=4를 **실제로 생각**할 수 있는 데 도달했다고 이야기하는 한 논리학자를 나는 상상할 수 있을 것이다.

110. 만일 당신이 색채 개념들에서 논리의 역할에 관해 명료하지 않다면, 예컨대 노란빛을 띤 빨강이란 단순한 경우를 가지고 시작하라. 이것은 존재한다, 여기에 대해서는 아무도 의심하지 않는다. "노란빛을 띤"이란 낱말의 쓰임을 나는 어떻게 배우는가? 예를 들면, 정

리하는 언어놀이들을 통해서.

나는 그러니까 노란빛을 띤, 그리고 더 노란빛을 띤, 빨강과 초록과 갈색과 하양을 인식하는 법을 다른 사람들과 일치되게 배울 수 있다.

그렇게 할 적에 나는 산수에서처럼 독립적인 발걸음을 내딛는다. 노란빛을 띤 파랑을 발견하는 과제를 한 사람은 녹청색으로 해결하고, 다른 사람은 이해하지 못할지도 모른다. 이는 무엇에 달려 있는가?

111. **나는** 녹청색이 노랑을 포함하지 **않는**다고 말한다; 다른 사람이 나에게 "천만에, 그건 노랑을 포함한다"라고 말한다면, 누가 옳은가? 그것은 어떻게 검사될 수 있는가? 우리 둘은 단지 서로의 말로만 구별되는가? — 한 사람은 파랑과 노랑 어느 쪽으로도 기울지 않는 순수한 초록을 인정하게 되지 않겠는가? 그리고 이로 인한 이점은 무엇인가? 그것은 어떤 언어놀이들에서 사용될 수 있는가? — 그는 어쨌든 노란빛을 띠지 **않은** 초록색 사물들과 파랑을 포함하지 **않은** 초록색 사물들을 골라내는 과제를 해결할 수 있게 될 것이다. 여기에 다른 편 사람은 알지 못하는 '초록'의 분계점이 존립하게 될 것이다.

112. 그 한 사람은 다른 한 사람이 배워 익힐 수 없는 언어놀이를 배워 익힐 수 있게 될 것이다. 그리고 실로 온갖 종류의 색맹 상태를 이루는 것도 **틀림없이 그 점에** 존립한다. 왜냐하면 만약 '색맹인 사람'이 정상인의 언어놀이들을 배울 수 있다면, 왜 그가 어떤 직무들에서 배제되어야 한단 말인가?

113. 그러므로 만약 누군가가 룽게에게 초록색과 주황색의 이런 차이에 대해 주의를 환기했더라면, 아마 그는 오직 세 가지 원색만이 존재한다는 관념을 포기했을 것이다.

114. 그런데 어떤 사람이 하나의 놀이를 배워 익힐 수 있는지, 또는 배워 익힐 수 없는지는, 어느 정도까지 심리학이 아니라 논리학에 속하는가?

115. 나는 말한다: **이러한** 놀이를 할 수 없는 사람은 **이러한** 개념을 갖고 있지 않다.

116. 누가 '내일'이란 개념을 갖고 있는가? 누구에게 우리는, 그는 그 개념을 갖고 있다고 말하는가?

117. 나는 한 사진[15]에서 금발 머리를 매끄럽게 뒤로 빗어 넘기고 밝은색의 더러운 재킷을 입은 사내아이 하나와 어두운 머리칼을 지닌 한 남자가 일부는 검게 칠해진 주물조각들과 일부는 가공된 매끄러운 회전축과 톱니바퀴들 등으로 이루어진 기계 앞에 서 있고, 그 옆에 아연으로 도금된 밝은 철사로 이루어진 쇠창살이 있는 것을 보았다. 비록 모든 것이 단지 사진 인화지의 더 밝고 더 어두운 색조로 제시되어 있었지만, 가공된 철판은 철판 색깔이었으며, 소년의 머리

---

15 (옮긴이 주) 흑백 사진을 말한다.

칼은 금발이었으며, 주물조각들은 검었으며, 쇠창살은 아연 색깔이 었다.

118. '내일'이란 개념이나 '나'란 개념을, 또는 시간 읽는 법을 우리들이 가르쳐 줄 수 없는 지적 장애인들이 있을 수 있다. 그들은 '내일'이란 낱말 등의 쓰임을 배워 익히지 못할 것이다.

119. 그런데 이 지적 장애인이 **무엇을** 배워 익힐 수 없는지를 나는 누구에게 알릴 수 있는가? 그 자신이 그것을 배워 익힌 사람에게만이 아닌가? 내가 어떤 사람에게 ― 이 사람이 고등수학을 숙달하지 못했다고 하더라도 ― 이러이러한 사람은 고등수학을 배워 익힐 수 없을 것이라고 알릴 수 없는가? 그럼에도 불구하고: 고등수학을 배운 사람은 더 정확히 알지 않는가? 체스놀이를 배운 사람은 "체스"란 낱말을, 그 놀이를 배울 수 없는 사람과는 다르게 이해하지 않는가? 무엇을 일컬어 우리들은 "하나의 기술(技術)을 기술(記述)하다"라고 하는가?

120. 또는: 눈이 정상인 사람과 색맹인 사람은 같은 색맹 개념을 갖고 있는가?
그럼에도 불구하고 색맹인 사람은 "나는 색맹이다"라는 진술을 이해하며 또 그 반대 진술도 이해한다.
색맹인 사람은 우리의 색 이름들뿐 아니라 "색맹"이란 낱말도 정상인처럼 완전히 그렇게 사용하는 법을 배울 수는 없다. 예를 들면, 그가 색맹 상태를 정상인이 그것을 확인할 수 있는 곳에서 언제나 확인할 수 있는 것은 아니다.

121. 그리고 대체 **우리** 정상인들이 배워 익힐 수 있는 것을 나는 누구에게 기술할 수 있는가?

그 기술(記述)의 이해조차도 이미 그가 어떤 것을 배웠다는 것을 전제한다.

122. 나는 우리가 "내일"이란 낱말을 어떻게 사용하는지를 어떤 사람에게 어떻게 기술할 수 있는가? 나는 어린아이에게 이것을 **가르칠** 수 있다; 그러나 이는 아이에게 그 쓰임을 기술한다는 말이 아니다.

그러나 나는 우리가 소유하고 있지 않은 어떤 개념, 예컨대 '붉은빛을 띤 초록'이란 개념을 갖고 있는 사람들의 실천을 기술할 수 있는가? — 어쨌든 나는 이러한 실천을 아무에게도 **가르칠** 수 없다.

123. 나는 도대체 "이 사람들은 **이것**(가령 갈색)을 붉은빛을 띤 초록이라고 부른다"라고 그저 말이라도 할 수 있는가? 그렇다면 그것은 나도 그것에 대해 한 낱말을 갖고 있는 어떤 것에 대한 그저 다른 한 낱말일까? 그들이 나와 다른 어떤 한 개념을 실제로 갖고 있다면, 이는 내가 그들의 낱말 쓰임에 완전히 정통하지 못하다는 점에서 드러나야 한다.

124. 그러나 아무튼 나는 우리의 개념들이 그 있는 바와는 다르게 상상될 수 있을 거라고 되풀이해서 말해 왔다. 그 모든 것은 헛소리였는가?

[1950년] 4월 11일

125. 스펙트럼의 발생에 관한 괴테의 학설[16]은 불충분한 것으로 실증된 발생 이론이 아니라, 본래 전혀 이론이 아니다. 그것에 의해서는 **아무것도** 예측될 수 없다. 그것은 오히려 우리가 제임스의 심리학[17]에서 발견하는 것과 같은 식의 애매한 사유도식이다. 괴테의 색채론에 대해서는 결정적 실험이 존재하지 않는다.

괴테와 의견이 일치하는 사람은 괴테가 색의 **본성**을 올바로 인식했다고 여긴다. 그리고 여기서 '본성'은 색에 관계되는 경험의 합이 아니라, 오히려 색의 개념 속에 놓여 있는 것이다.

126. 괴테에게 하나는 분명했다. 즉, 어두운 것들로부터는 밝은 것이 이루어질 수 없다는 것이다 ― 그림자들이 점점 더해지는 것으로부터는 빛이 나오지 않듯이 말이다. 그러나 이것은 다음과 같이 표현될 수 있다: 예컨대 담자색이 "붉은빛과 흰빛을 띤 파랑"이라고 불린다면, 또는 갈색이 "붉은빛과 검은빛을 띤 노랑"이라고 불린다면, 그러면 이제 하양은 "노란빛과 붉은빛과 초록빛을 띤 파랑"(또는 그 비슷한 것)이라고 불릴 수 **없다**. 그리고 **이는** 뉴턴에 의해서도 증명되지 않는다. 하양은 **이런** 뜻에서 혼합색이 아니다.

[1950년] 4월 12일

127. '색채들', 그것은 특정한 속성들을 지닌 사물들, 그래서 우리가

---

16 (옮긴이 주) I부 §70의 각주 참조.
17 (옮긴이 주) I부 §70의 각주 참조.

아직 알지 못하는 색깔들을 우리들이 즉시 찾아내거나 상상할 수 있을 그런 것들, 혹은 우리가 아는 바와는 다른 색깔들을 아는 어떤 사람을 우리들이 상상할 수 있는 그런 것들이 아니다. 어떤 상황에서는 우리가, 사람들은 우리가 알지 못하는 색깔들을 알고 있다고 하는 말을 하게 될 것이라는 것은 과연 가능하다. 그러나 우리는 이러한 표현을 사용하도록 강요받지는 않는다. 왜냐하면 그런 말을 하기 위해 우리가 무엇을 우리의 색깔들에 대한 충분한 유사물로 간주해야 하는지는 말해져 있지 않기 때문이다. 여기서 사정은 우리들이 적외선 '빛'에 관해 말할 경우와 비슷하다; 그렇게 말할 좋은 근거가 있지만, 이것은 또한 하나의 오용이라고도 설명될 수 있다.

그리고 '다른 사람의 몸에서 고통을 갖다'라는 나의 개념의 경우도 사정은 비슷하게 돌아간다.[18]

128. 한 종족이 순전히 색맹인 사람들로 이루어져 있어도 아주 잘 살 수 있을 것이다. 그러나 그들이 우리의 모든 색채 이름들을 개발해 가지고 있을까, 그리고 그들의 명명법은 우리의 것에 어떻게 대응할까? 여기서 그들에게 자연스러운 언어는 어떤 모양을 하고 있을까?? 우리는 그걸 아는가? 그들은 아마도 파랑, 노랑, 그리고 빨강과 초록의 자리를 차지하는 제삼의 것이라는 세 가지 원색을 갖고 있을까? ― 우리가 그런 종족을 만나 그들의 언어를 배우려고 한다면 어떻게 될까? 그때 우리는 모종의 난점들에 부딪힐 것이다.

---

18 (옮긴이 주) 비트겐슈타인의 『철학적 탐구』 §302, 『청색 책』 90쪽 참조.

129. 주황은 붉은빛을 띤 노랑이라는 등의 우리의 표현 방식을 이해하지 못하고, (예를 들면) 빨강에서 노랑으로의 실제적인 색채 이행에서 주황이 나타나는 곳에서만 그런 말을 하는 경향이 있는 사람들이 존재할 수 있지 않을까? 그리고 그런 사람들에게는 붉은빛을 띤 초록도 쉽게 존재할 수 있을 것이다.

그들은 그러니까 '혼합색을 분석할' 수 없을 것이다, 우리의 'X-빛을 띤 Y-색'의 쓰임을 배워 익힐 수 없을 것이다. (절대 음감이 없는 사람들과 유사하게 말이다.)

130. 그리고 오직 색깔-형태 개념들만을 가지고 있을 사람들의 경우는 어떠할까? 나는 그들에 대해서, 그들은 초록색 잎사귀와 초록색 탁자가 ― 내가 그들에게 이것들을 가리킬 때 ― 같은 색깔을 지니고 있다는 것을, 혹은 그것들이 어떤 공통적인 것을 지니고 있다는 것을 **보지** 못할 것이라고 말해야 하는가? 형태가 상이한데 색깔은 같은 대상들을 서로 비교하는 일에 그들의 '생각이 미치지' 않는다면 어떻게 될까? 그들의 특별한 주위 환경의 결과로, 이러한 비교는 그들에게는 아무런 중요성이 없었거나 아주 예외적으로만 중요성이 있었고, 그래서 그것이 언어 도구의 형성에 이르지는 못했다.[19]

131. '물체들의 밝기나 어둡기를 비교해 보고하기'라는 언어놀이. ― 그러나 이제, '특정한 **색깔**들이 지니는 밝기들의 관계에 관해 진술하

---

19 (옮긴이 주) 『철학적 탐구』 §§72-73, 『심리학의 철학에 관한 소견들』 I권 §47 참조.

기'라는 **근친적인** 놀이가 존재한다. (비교할 것: 규정된 두 자의 길이의 관계 — 규정된 두 수의 관계.)

두 언어놀이에서 문장의 형식은 똑같다("X는 Y보다 밝다"). 그러나 그것들은 첫 번째 언어놀이에서는 시간적이고, 두 번째 언어놀이에서는 무시간적이다.

132. "희다"의 특정한 의미에서는 흰색이 모든 색 중에서 가장 밝은 색이다.

흰 종잇조각이 그 밝기를 파란 하늘로부터 얻는 그림에서 이 하늘은 흰 종이보다 밝다. 그럼에도 불구하고, 다른 뜻에서는, 파랑은 더 어두운 색이고, 하양은 더 밝은 색이다(괴테).[20] 팔레트 위의 흰색과 파란색에 관해서는, 전자가 후자보다 더 밝을 것이다. 팔레트에서는 흰색이 가장 밝은 색이다.

133. 나는 특정한 회녹색에 매우 깊은 인상을 받아서, 그것을 견본 없이도 언제나 올바로 재인식할 수 있을지 모른다. 그러나 나는 말하자면 순수한 빨강(파랑 등)을 언제나 다시 구성할 수 있다. 그것은 바로, 한쪽 편과 다른 쪽 편 어느 쪽으로도 기울지 않는 빨강이다. 그리고 나는 그것을 견본 없이 인식한다; 예를 들면, 임의의 예각이나 둔각과 대조적으로 직각을 인식하는 것처럼 말이다.

---

20 (옮긴이 주) I부 §2 각주 참조.

134. 이런 뜻에서 이제 네 가지(또는 하양과 검정을 포함하면, 여섯 가지) 순수한 색이 존재한다.

135. 색채들의 **자연사**는 그것들의 **본질**에 관해서가 아니라 자연에서의 그것들의 출현에 관해서 보고해야 할 것이다. 그 명제들은 시간적 명제들이어야 할 것이다.

136. 다른 색채들과의 유비에 따르면, 흰색 바탕 위의 검은 표시는, 투명한 **흰색** 유리를 통해 보면, 변함없이 흰색 바탕 위의 검은 표시로 나타나야 할 것이다. 왜냐하면 검정은 검정으로 남아 있어야 하고, 하양은, 그것은 또한 그 투명한 물체의 색이기도 하므로, 변하지 않고 남아 있기 때문이다.

137. 검정은 검정으로, 하양은 하양으로, 그리고 다른 모든 색들은 회색의 색조로 보이게 되는 하나의 유리, 그래서 그걸 통해 보면 모든 것이 하나의 사진에서와 같이 보이는 하나의 유리가 상상 가능할 것이다.
　　그러나 내가 그것을 왜 "흰 유리"라고 불러야 한단 말인가?

138. 문제는 이것이다: '투명한 흰색 물체'를 형성한다는 것은 '정이각형'을 형성하는 것과 같은가?[21]

---

21 (옮긴이 주) 『심리학의 철학에 관한 소견들』 II권 §421 참조: "파란빛을 띤 노랑은 존재하지 않는다." "정이각형은 존재하지 않는다"라는 문장과 유사한 문장; 우리들은 그 문장을 색채 기하학의 한 진술이라고, 즉 개념 규정적인 문장이라고 부를 수 있을 것이다.

139. 나는 한 물체를 주시하고, 가령 무광택의 흰색 표면을 **볼** 수 있다. 즉, 그와 같은 표면의 **인상**을 얻거나, 투명성(그것이 이제 현전하건 현전하지 않건)의 **인상**을 얻을 수 있다. 이 인상은 색의 분포를 통해 산출될 수 있는데, 그 인상에서 흰색과 나머지 다른 색들은 **같은** 방식으로 분배되어 있지 않다.

(나는 초록빛을 띤 둥근 함석지붕을 초록빛을 띤 반투명한 유리로 간주했다 ― 그 색채 분포의 어떤 특별함이 이러한 외관을 산출했는지 그 당시에는 알지 못한 채로 말이다.)

140. 그리고 물론 흰색은 투명한 물체의 시각 인상 속에 예컨대 반사로서, 양광부로서 나타날 수 있다. 즉, 그 인상이 투명한 것으로 지각되면, 우리가 보는 흰색은 물체의 흰색으로서 **해석되지** 않는다.

141. 나는 투명한 유리를 통해 본다: 이로부터, 나는 흰색을 보지 않는다는 것이 따라 나오는가? 아니다. 그러나 나는 유리를 흰색으로 보지 않는다. 그러나 이는 어떻게 일어나는가? 그것은 상이한 방식으로 일어날 수 있다. 나는 내 **두** 눈으로, 흰색을 유리 뒤에 있는 것으로 볼 수 있다. 그러나 나는 또한 흰색을, 단순히 그것의 **위치**에 의해, 광채로 볼 수 있다(그것이 아마 광채가 아닐 경우에도 말이다). 그렇지만 여기서는 단순히 '~라고 여김'이 아니라 '봄'이 중요하다. 그리고 어떤 것을 유리 **뒤에** 있는 것으로 보기 위해, 두 눈으로 봄이 필요한 것도 전혀 아니다.

142. 상이한 '색채들'이 모두 **입체적인** 봄과 똑같은 연관을 갖고 있는 것은 아니다.

143. 그리고 이것이 우리가 어린아이일 적에 쌓은 경험에 의해 설명되는지 않는지는 상관이 없다.

144. 저 연관은 필시 입체성과 빛과 그림자 사이의 연관일 것이다.

145. 또한 흰색은 본질적으로 어떤 — 시각적 — 표면의 속성이라고 할 수도 없다. 왜냐하면 흰색이 단지 양광부로서, 혹은 불꽃의 색깔로서 나타나는 일이 생각될 수 있을 것이기 때문이다.

146. 그렇다, 실제로는 투명한 물체가 우리에게 흰색으로 나타날 수도 있다; 그러나 그것이 우리에게 희고 투명한 것으로서 나타날 수는 없다.

147. 그러나 이는 다음과 같이 표현되어서는 안 될 것이다: "흰색은 투명한 색이 아니다."

148. '투명한'은 '반사하는'과 비교될 수 있다.

149. 시각 공간의 한 요소는 희거나 붉을 수 있지만, 투명하지도 불투명하지도 않다.

150. 투명성과 반사는 시각 상(像)의 심층 차원에만 존재한다.

151. 시야 속에 있는 시각적으로 단색인 평면은 왜 호박색일 수 없는가? 이 색채어는 투명한 매체와 관계된다; 따라서 화가가 호박색 포도주가 들어 있는 유리잔을 그린다면, 그것을 묘사하는 그림의 표면은 "호박색"이라고 불릴 수 있겠지만, 이 표면의 단색 요소는 그렇게 불릴 수 없을 것이다.

152. 번쩍거리는 검정과 광택이 없는 검정도 서로 다른 색 이름을 지닐 수 있지 않을까?

153. 투명하게 보이는 것에 대해서는, 우리는 그것이 흰색으로 보인다고 말하지 않는다.

154. "사람들이 우리와 다른 색채 기하학을 갖고 있을 거라고 생각될 수는 없는가?" 이것이 뜻하는 바는 물론, 우리와는 다른 색깔 개념을 가진 사람들이 생각될 수 없는가 하는 것이다. 그리고 이것이 뜻하는 바는 다시, 사람들이 우리의 색깔 개념을 갖고 있지 **않은**데, 그들이 **갖고 있는** 개념들 역시 우리가 "색깔 개념"이라고 부르고 싶을 그런 방식으로 우리의 색깔 개념과 근친적이라고 상상될 수 없는가 하는 것이다.

155. 만약 사람들이 언제나 오직 초록색 사각형들과 붉은색 원들을

보는 데 익숙해져 있다면, 그들은 초록색 원을 하나의 기형인 것처럼 불신을 품고 바라볼 수 있을 것이다. 그리고 심지어, 예를 들면, 그것은 **본래** 붉은색 원이지만, 약간 …한 것을 지니고 있다고 말할 수 있을 것이다.[22]

만약 사람들이 오직 형태색 개념들만을 갖고 있다면, 그들은 그러니까 붉은색 사각형을 위한 하나의 고유한 낱말과 붉은색 원을 위한 하나의 고유한 낱말과 초록색 원을 위한 하나의 고유한 낱말 등을 가질 것이다. 그러나 이제 그들이 새로운 **초록색** 도형을 본다면, 그들에게는 초록색 원 등과의 유사성이 아무것도 눈에 띄지 않을까? 그리고 그들에게는 초록색 원과 붉은색 원 사이의 유사성이 아무것도 눈에 띄지 않을까? 그러나 그 유사성이 그들 눈에 띈다는 것이 드러난다는 것을 나는 어떻게 말하려고 하는가?

그들은, **예를 들면,** '걸맞음'의 개념을 갖고 있을 수 있을 것이다; 그럼에도 불구하고 색채어를 쓰려는 생각은 떠오르지 않을 수 있을 것이다.

실로, 단지 다섯까지만 세는 종족들도 있다. 그리고 이들은 그렇게 기술될 수 없는 것은 기술할 필요성을 느끼지 않았을 개연성이 있다.

156. 룽게: "검정은 더럽힌다." 즉, 그것은 색채에서 **눈부심**을 앗아 간다. 그러나 이것은 무슨 뜻인가? 검정은 색채에서 광도(光度)를 앗아 간다. 그러나 이는 논리적인 것인가, 혹은 심리학적인 것인가? 빛

---

22 (편집자 주) 이 단락은 삭제한다는 표시로 줄이 그어져 있다.

나는 빨강, 빛나는 파랑 등이 존재하지만, 빛나는 검정은 존재하지 않는다. 검정은 색깔 중에 가장 어두운 것이다. 우리들은 "깊은 검은색"이라는 말은 하지만, "깊은 흰색"이란 말은 하지 않는다.

그러나 '빛나는 빨강'은 **밝은** 빨강을 뜻하지 않는다. 어두운 빨강도 빛날 수 있다. 그러나 색채는 그것의 **주위 환경**에 의해서, 그것의 주위 환경 속에서 빛난다.

그러나 회색은 빛나지 않는다.

그러나 이제 검정은 색채를 흐리게 하지만, 어둠은 그러지 않는 것으로 보인다. 이에 따르면 그러니까 루비는 더 흐려짐이 없이도 점점 더 어두워질 수 있을 것이다. 그러나 만약 루비가 검게 붉어진다면, 그것은 흐려질 것이다. 자, 그런데 검정은 표면색이다. 어두움은 색채로 불리지 않는다. 회화에서는 어두움도 역시 검정에 의해 묘사될 **수** **있다.**

검은색과 가령 어두운 보라색 사이의 차이는 큰북의 소리와 팀파니의 소리 간의 차이와 비슷하다. 전자에 대해서는, 그것은 소음이지 음색이 아니라고 말해진다. 그것은 광택이 없고 완전히 검다.

157. 색깔들이 더는 구별될 수 없는 늦은 저녁에 당신의 방을 주시하라; 그리고 이제 불을 켜고, 당신이 어스름 속에서 본 것을 그림으로 그리라. 어스름 속에 있는 영역들과 공간들의 그림이 있다: 그러나 그러한 그림에 있는 색깔들과 어스름 속에서 보인 색깔들은 어떻게 비교되는가? 이러한 비교는 내가 내 앞에 동시에 두고서 비교하기 위해 나란히 놓는 두 색견본의 비교와 얼마나 다른가!

158. 초록은 파랑과 노랑의 혼합색이 아니라 기본색이라는 것을 무엇이 말해 줄 수 있는가? "그것은 그 색깔들을 주시함으로써 직접적으로 인식할 수밖에 없다"라고 하는 이런 대답은 여기서 올바를까? 그러나 내가 "기본색"이라는 낱말로, 역시 초록을 기본색으로 부르는 경향이 있는 다른 사람과 동일한 것을 뜻한다는 것을 나는 어떻게 아는가? 아니다, 여기에는 이러한 물음을 결정하는 언어놀이들이 존재한다.[23]

다소 파란빛을 띤 (또는 노란빛을 띤) 초록이 존재한다. 그리고 노란빛(또는 파란빛)을 덜 띤 초록을 노란빛을 띤 초록(또는 청록)에 혼합하거나, 수많은 색견본에서 골라내는 과제가 존재한다. 그러나 노란빛을 덜 띤 초록이 파란빛을 더 띤 초록은 아니다(그 역도 참이다), 그리고 노란빛을 띠지도 않고 파란빛을 띠지도 않은 초록을 선택하는 — 또는 혼합하는 — 과제가 또한 존재한다. 그리고 내가 "또는 혼합하는"이라고 말하는 까닭은, 초록은 가령 그것이 노랑과 파랑의 혼합을 통해 이루어지기 때문에 동시에 노란빛을 띠면서 파란빛을 띠게 되지는 않기 때문이다.

159. 매끄러운 흰색 표면에서 사물들이 반사될 수 있다는 것을 생각하라. 그것들의 거울상들은 그러니까 그 표면 뒤에 있는 것처럼 보이고, **어떤** 뜻에서 그 표면을 통해서 보이게 된다.

---

23 (옮긴이 주) 『심리학의 철학에 관한 소견들』 I권 §622 참조.

160. 내가 한 장의 종이에 대해 그것은 순수하게 희다고 말하는데, 그 옆에 흰 눈이 놓이자 이제 그 종이가 회색으로 보인다면, 나는 그것을, 그것의 정상적인 주위 환경에서는, 그리고 그것의 통상적인 목적을 위해서는, 희다고, 밝은 회색이 아니라고 부르게 될 것이다. 나는 가령 실험실에서는, 흰색에 관해 **어떤** 뜻에서 정제된 다른 개념을 사용하는 일이 있을 수 있을 것이다. (내가 거기서 때때로 '정확한' 시간 규정이라는 정제된 개념을 또한 사용하는 것처럼 말이다.)

161. 짙은 순수 색들은 그것들에 본질적인 특수한 상대적 밝기를 지닌다. 예를 들면, 노랑은 빨강보다 밝다. 빨강은 파랑보다 밝은가? 나는 모르겠다.

162. 중간색의 개념을 획득하고 그 적용 기술을 숙달한 사람, 그러니까 주어진 색조들에 대해 더 흰빛을 띤, 더 노란빛을 띤, 더 파란빛을 띤 색조들을 발견하거나 혼합할 수 있는 등등을 할 수 있는 사람, 그에게 이제 우리들은 붉은빛을 띤 초록을 선택하거나 혼합하라고 요구한다.

163. 붉은빛을 띤 초록에 친숙한 사람은, 빨강으로 시작하여 초록으로 끝나는, 그리고 우리에 대해서도 아마 그 둘 사이에 하나의 연속적인 이행 단계를 형성하는, 하나의 색채 열(列)을 산출할 수 있어야 할 것이다. 그러면 우리가 가령 매번 같은 색조의 갈색을 보는 곳에서 그는 한번은 갈색을, 한번은 붉은빛을 띤 초록을 본다는 것이 드러날 수

있을 것이다. 예를 들면, 우리에게는 같은 색깔을 지닐 터인 두 화학적 결합을 그는 그 색깔에 따라 구별할 수 있을 것이며, 그 하나를 "갈색"으로, 다른 하나를 "붉은빛을 띤 초록"으로 부른다는 것이 드러날 수 있을 것이다.

164. 적록색맹 현상을 기술하기 위해서는, 나는 적록색맹인 사람이 배워 익힐 수 **없는** 것을 말하기만 하면 된다; 그러나 '정상적인 봄의 현상'을 기술하기 위해서는, 나는 우리가 할 **수 있는** 것을 열거해야 할 것이다.[24]

165. '색맹 현상들'을 기술하는 사람은 단지 색맹인 사람이 정상인에서 **벗어나는 점들**만을 기술하지, 그의 나머지 봄 전체를 또 기술하지는 않는다.

그러나 그 사람은 또한 정상적인 봄이 완전한 눈멂에서 벗어나는 점들을 기술할 수 없을까? 우리들은 물을 수 있을 것이다: 누구에게 가르쳐 주려고? 내가 나무를 본다는 것을 사람들이 나에게 가르쳐 줄 수 있는가?

그리고 '나무'는 무엇이고 '본다'는 무엇인가?

166. 우리들은 예컨대 이렇게 말할 수 있다. 즉, 눈에 안대를 한 사람은 **이렇게** 행동하고, 안대를 하지 않은 사람은 **이렇게** 행동한다고 말

---

24 (옮긴이 주) 『철학적 소견들』 pp.76-77 및 『쪽지』 §341 참조.

이다. 안대를 하면, 그는 이러저러하게 반응한다; 안대를 하지 않으면, 그는 골목길에서 빨리 걷는다, 자신의 지인들에게 인사한다, 이 사람 저 사람에게 고개를 끄덕인다, 길을 건널 적에 자동차와 자전거들을 쉽게 피한다, 등등. 우리들은 신생아도 이미 움직임을 눈으로 좇는다는 점에서 보고 있는 것으로 인식한다. 등등. ― 문제는 이것이다: 그 기술은 누구에 의해 이해되어야 할까? 오직 눈이 보이는 사람에 의해서? 혹은 맹인에 의해서도?

예를 들어 "눈이 보이는 사람은 익은 사과와 익지 않은 사과를 눈으로 구별한다"라고 말하는 것은 뜻이 있다. 그러나 "눈이 보이는 사람은 붉은 사과와 푸른 사과를 구별한다"라고 말하는 것은 그렇지 **않다**. 왜냐하면 '붉은'과 '푸른'이란 무엇인가?

[여백의 소견] "눈이 보이는 사람은 자신에게 푸르게 보이는 사과와 자신에게 붉게 보이는 사과를 구별한다."

그러나 내가 (붉은 사과와 푸른 사과를 가리키면서) "나는 **이런 사과**와 **이런 사과**를 구별한다"라고 말할 수는 없는가? 그러나 누군가가 나에게는 완전히 같은 두 개의 사과를 가리키면서 이런 말을 한다면 어떻게 될까?! 다른 한편으로는, 그는 나에게 이렇게 말할 수 있을 것이다: "당신에게는 이 둘이 완전히 똑같아 보인다, 그런 까닭에 당신은 그 둘을 혼동할 수 있다; 그러나 나는 차이를 본다, 나는 그 각각을 언제라도 재인식할 수 있다." 이는 실험을 통해 확인될 수 있다.

167. 내가 빨강과 초록을 구별한다는 것을 어떤 경험이 나에게 가르치는가?

168. 심리학은 본다는 현상들을 기술한다. 그것은 누구에게 기술을 하는가? 이 기술은 어떤 무지를 제거할 수 있는가?

169. 눈이 보이는 사람이 만약 맹인에 관해 한번도 들어 본 적이 없다면, 우리들은 그에게 맹인의 행동을 기술할 수 없을까?

170. 나는 이렇게 말할 수 있다: "색맹인 사람은 푸른 사과와 붉은 사과를 구별할 수 없다". 그리고 이는 보일 수 있다. 그러나 내가 "나는 푸른 사과와 붉은 사과를 구별할 수 있다"라고 말할 수 있는가? 자, 가령: 맛에 의해서. — 그러나 어쨌든, 예를 들어 다음과 같이는 말할 수 있다: "나는 당신이 '푸르다'고 부르는 사과와 당신이 '붉다'고 부르는 사과를 구별할 수 있다", 그러니까 "나는 색맹이 아니다".

171. 이 종이는 서로 다른 곳에서 그 밝기가 서로 다르다; 그러나 그것은 더 어두운 곳에서는 나에게 회색으로 보이는가? 내 손이 드리운 그림자는 부분적으로 회색이다. 그러나 그 종이가 빛에서 떨어져 기울어진 곳에서는, 나는 그것을 비록 어둡지만 희게 본다; 내가 그것을 그리려면 회색을 혼합해야 할지라도 말이다. 이것은 더 멀리 있는 대상이 종종 단지 더 멀지만 더 작지는 않게 보이는 것과 비슷하지 않은가? 그러니까, "나는 그가 더 작게 보인다는 것을 알아차리고, 이로부터 그는 더 멀리 있다고 추론한다"라고 말할 수 있는 게 아니라, 나는 그가 더 멀리 있다는 것을 내가 그걸 **어떻게** 알아차리는지는 말할 수 없으면서도 알아차리는 것과 비슷하지 않은가?

172. (색깔 있는) 투명한 매체가 주는 인상은 그 매체 **뒤에** 어떤 것이 놓여 있다는 것이다. 따라서 시각 상이 완전한 단색성(單色性)을 지니면 투명할 수 없다.

173. 색깔 있는 투명 매체 뒤에 있는 흰 것은 그 매체의 색깔로 나타나고, 검은 것은 검게 나타난다. 이 규칙에 따르면, 흰 종이 위의 검은 표시는 흰색의 투명 매체 뒤에서는 색깔 없는 매체 뒤에 있는 것처럼 보여야 한다.

여기서 그것[25]은 물리학의 명제가 아니라, 우리의 시각 경험에 대한 공간적 해석의 한 규칙이다. 또한 그것은 화가를 위한 하나의 규칙이라고도 할 수 있을 것이다: "만일 당신이 투명한 붉은 것 뒤에 있는 흰 것을 묘사하기를 원한다면, 당신은 그것을 붉게 그려야 한다." 당신이 그것을 희게 그린다면, 그것은 붉은 것 뒤에 있는 것처럼 보이지 않는다.

174. 흰 종이가 단지 조금 더 약하게 조명을 받고 있는 곳에서는, 그것은 결코 회색으로 나타나지 않고 언제나 희게 나타난다.

175. 문제는 이것이다: 우리의 시각 상이 우리에게 투명한 매체를 보여야 한다면, 그것은 천성이 어떠해야 하는가? 예를 들면, 그 매체의 색깔은 어떻게 효과를 발휘해야 하는가? 물리학적으로 말하자면 —

---

25 (편집자 주) 원고에는 여기에 앞 단락의 첫 문장을 가리키는 화살표가 표시되어 있다.

물리학의 법칙이 여기서 우리에게 직접적으로 중요하지는 않지만 ―
순수하게 초록색인 유리를 통해 보면 모든 것이 다소 어두운 초록으
로 보여야 할 것이다. 가장 밝은 색조는 그 매체의 색조일 것이다. 그
것을 통해 보이는 것은 그러니까 사진과 비슷한 점이 있다. 이것을 흰
유리의 경우로 옮기면, 다시 모든 것은 사진 찍힌 것처럼, 그러나 하양
에서 검정 사이의 색조들을 지니는 것으로 보여야 할 것이다. 그리고
만약 그런 유리가 있다면, 왜 그것이 **희다**고 불려서는 안 될까? 그렇
게 부르는 것에 대해 그 무엇인가가 반대하는가? 색깔이 다른 유리들
과의 유비가 어디에선가 깨지는가?

176. 초록색 유리 주사위는 우리 앞에 놓여 있으면 초록색으로 보인
다; 그 전체 인상이 초록색이다; 그러므로 흰색 주사위의 전체 인상은
흰색이어야 할 것이다.

177. 그 주사위는, 우리가 그것을 희고 투명하다고 부를 수 있으려
면, 어디에서 희게 나타나야 하는가?

178. 흰색의 경우 투명한 초록색 유리의 유사물이 없는 **까닭**은, 흰색
과 나머지 색들 사이의 근친 관계와 대립들이 초록색과 나머지 색들
사이와는 다르기 때문인가?

179. 붉은 유리를 통해 빛이 비치면, 그것에서 붉은 빛이 나온다.
자, 그럼 흰 빛은 어떻게 보이는가? 흰 빛 속에 있는 노랑은 흰빛을

띠게 될 것인가, 혹은 단지 밝게 될 것인가? 그리고 검정은 회색으로 될 것인가, 혹은 검정으로 남을 것인가?

180. 우리는 여기서 물리학의 사실들에 관해서는 — 그것들이 사물들의 외관에 관계된 법칙들을 규정하는 한에서 말고는 — 신경 쓰지 않는다.

181. 그것은 초록색 종잇조각과 '같은 색'을 갖고 있다는 말을 우리들이 어떤 투명 유리에 대해 해야 하는지는 즉시 분명하지 않다.

182. 예를 들면, 그 종이가 담홍색, 담자색, 담청색이면, 우리들은 그 유리를 약간 **흐리다**고 생각할 것이지만, 또한 단지 약하게 붉은빛을 띤 등등의 맑은 유리를 뜻할 수도 있을 것이다. 그런 까닭에, 색깔이 없는 것은 때때로 "희다"고 일컬어진다.

183. 투명한 유리의 색은 그 유리를 통해 보면 백색 광원이 나타나는 색이라고 말할 수 있을 것이다.
그러나 이 광원은 **색깔 없는** 유리를 통해서는 맑게 **흰** 것으로 나타난다.

184. 영화관에서는 종종 영화 속 사건들을 마치 영사막 뒤에 있는 것처럼, 그리고 이 영사막은 하나의 유리판 같이 투명한 것처럼 보는 것이 가능하다. 그러나 동시에 그 유리판은 사건들에서 그 색깔을 취

하여 오직 흑과 백과 회색만을 통과시키게 될 것이다. 그러나 이제 우리들은 그것을 투명한 **흰색** 유리판으로 부르고 싶은 유혹은 받지 않는다.

우리들은 도대체 어떻게 초록색 유리판을 통해 사물들을 보게 될까? **하나의** 차이는 물론, 이 초록색 유리판은 명암의 차이를 줄일 것인 반면, 저 다른 것은 이 차이를 건드리지 않을 것이라는 것이다. 투명한 '회색' 판은 그 경우 그 차이를 조금 줄일 것이다.

185. 우리들은 초록색 유리판에 대해서는 가령, 그것은 자신의 색깔을 사물들에 줄 것이라고 말할 것이다. 그러나 그런 일을 나의 '흰색' 판이 하는가? — 초록색 매체가 자신의 색깔을 사물들에 준다면, 무엇보다도 **흰색** 사물들에 줄 것이다.

186. 색깔 있는 얇은 층의 매체는 사물들을 단지 약하게 물들인다: '흰색의' 얇은 유리는 사물들을 어떻게 물들일 것인가? 그것은 사물들에게서 아직 모든 색을 다 빼앗지는 않을 것인가?

187. "우리들은 순수한 흰색의 물을 생각할 수 없을 것이다……." 즉, 우리들은 흰색의 맑은 것이 어떻게 보일지를 기술할 수 없을 것이다. 그리고 이는, 우리들은 이 말이 어떤 사람에게 어떤 기술을 요구하는지 알지 못한다는 것을 뜻한다.

188. 우리는 색채 이론(생리학적이거나 심리학적인)을 발견하려

고 하는 것이 아니라, 색채 개념들의 논리를 발견하려고 한다. 그리고 이는 사람들이 종종 부당하게 이론에서 기대해 온 것을 수행해 낸다.

189. 어떤 사람에게 색종이 조각들을 지시함으로써 색채어들이 설명되었다는 것으로는 아직 **투명성**의 개념은 건드려지지 않았다. 상이한 색채 개념들에 대해 비동등한 관계를 갖는 것은 이 개념이다.

190. 그러니까 색채의 개념들이 서로 무척 다르다는 것을 어쨌든 색채에서는 전혀 알아차리지 못한다고 말하고자 하는 사람에게, 우리들은 이렇게 대답해야 한다. 즉, 그는 이 개념들에 있는 바로 그 유비(동등성)에 주목했지만, 차이점들은 다른 개념들에 대한 관계들에 놓여 있다고 말이다. [이 점에 대한 더 나은 소견.]

191. 초록색 유리판이 그 뒤에 있는 사물들에 초록 색깔을 준다면, 그것은 흰색을 초록색으로, 붉은색을 검은색으로, 노란색을 녹황색으로, 파란색을 초록빛을 띤 파란색으로 만든다. 흰색 판은 그러니까 모든 것을 흰빛을 띠게, 그러니까 모든 것을 **창백하게** 만들어야 할 것이다; 그리고 그렇다면 왜 검은색을 회색으로 만들어서는 안 될 것인가? — 또한 노란색 유리는 어둡게 한다, 흰색 유리도 역시 어둡게 해야 하는가?

192. 색깔 있는 모든 매체는 그것을 통해 보이는 것을 어둡게 한다;

그것은 빛을 흡수한다. 자, 그럼 나의 흰 유리도 역시 어둡게 할까? 그리고 그것이 더 두꺼울수록 더 많이 어둡게 할까? 그러나 그것은 흰 것을 흰 것으로 놔두어야 한다: 그렇다면 실로 '흰 유리'는 본래 어두운 유리일 것이다.

193. 그 유리를 통해 초록색이 흰빛을 띠게 된다면, 왜 회색은 더 흰빛을 띠지 않으며, 그렇다면 왜 검은색은 회색으로 되지 않는가?

194. 색깔 있는 유리는 어쨌든 그 뒤에 있는 사물들을 밝게 할 리가 없다: 그러니까 예컨대 초록색인 것의 경우에는 무슨 일이 일어나야 하는가? 나는 그것을 회녹색으로 보아야 하는가? 그러니까 그것을 통해 보면, 초록색인 것은 어떻게 보여야 하는가? 흰빛을 띤 초록색으로?[26]

195. 만약 모든 색이 흰빛을 띠게 된다면, 그림은 점점 더 깊이를 상실하게 될 것이다.

196. 회색은 빈약하게 빛나는 흰색이 아니다. 암녹색은 빈약하게 빛나는 백록색이 아니다.
"밤에는 모든 고양이가 회색이다"라는 말이 있긴 하지만, 그것이 뜻하는 바는 본래, 우리는 그것들의 색깔을 구별할 수 없으며, 그것들은 또한 회색일 **수 있을** 것이라는 것이다.

---

26 (편집자 주) 마지막 두 물음은 앞의 두 물음의 다른 버전이다.

197. 여기서 흰색과 나머지 다른 색들 사이의 결정적 차이는 무엇에 있는가? 그 차이는 근친 관계들의 비대칭에 있는가? 그리고 이는 본래 색 팔면체[27]에서의 특별한 위치에 있는 것인가? 혹은 그것은 오히려 명암에 대한 색들의 비동등한 위치인가?

198. 투명한 흰색 유리의 효과를 불러일으키기를 원하는 화가는 무엇을 그려야 하는가?

빨강과 초록(등등)이 흰빛을 띠게 해야 하는가?

199. 그 차이는 단순히, 색깔 있는 모든 유리는 흰색을 물들여야 하고, 나의 유리[28]는 흰색을 변하지 않게 놔두거나 단순히 어둡게 해야 한다는 것 아닌가?

200. 색깔 있는 유리를 통해서 보면, 흰색은 그 유리의 색깔로 나타

---

27 (옮긴이 주) 색 팔면체는 (도표 1)과 같다(『비트겐슈타인과 빈학단』 p.42 및 『비트겐슈타인의 1930-1932 케임브리지 강의』 p.8 참조). 『철학적 소견들』 §221에는 (도표 2)처럼 사원색의 중간색들을 추가한 '이중 원추' 모양의 색 십육면체가 실려 있다.

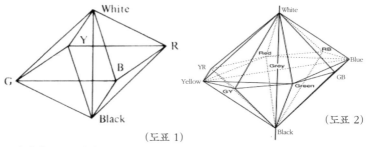

(도표 1)

(도표 2)

28 (옮긴이 주) 투명한 흰색 유리.

난다. 이는 투명성의 외관에 관한 하나의 규칙이다. 그래서 흰색 유리를 통해서 보면 흰색은 희게, 그러니까 색깔 없는 유리를 통해서 보는 것처럼 나타난다.

201. 리히텐베르크는 '순수한 흰색'에 대해 말을 하며, 그것으로 색채들 중 **가장 밝은 색**을 뜻한다. 순수한 노랑에 대해서는 아무도 그렇게 말할 수 없을 것이다.

202. 흰색은 물체적이라고 말하는 것은 이상하다. 왜냐하면 실로 노랑과 빨강도 표면의 색깔일 수 있으며, 그러한 것으로서 그것들은 하양과 범주 분류상 구별되지 않기 때문이다.

203. 상이한 밝기로 조명된 면들을 지닌 흰색 주사위를 노란 유리를 통해 바라보면, 이제 그것은 노랗게 보이고, 그것의 면들은 다시 서로 다른 밝기로 빛난다. 그 주사위는 흰 유리를 통해 보면 어떻게 보여야 하는가? 그리고 노란 주사위는 흰 유리를 통해 보면 어떻게 보여야 하는가?

204. 그것은 마치 색깔들에 흰색이, 혹은 회색이 혼합된 듯해야 하는가?

205. 유리가 흰색과 검은색과 회색은 변함없이 놔두고 나머지 색들은 흰빛을 띠게 물들일 수 없을까? 그리고 그런 것은 희면서 투명한 것

에 가장 가깝게 되지 않을까? 그러면 그 효과는 자연색의 흔적을 아직 유지하는 사진과 같을 것이다. 그러나 색채 각각의 어둠의 정도는 보존되어야 할 것이고, **감소되는** 일은 확실히 없어야 할 것이다.

206. 나는 (뉴턴의 이론과 같은) 물리학 이론이 괴테를 움직였던 문제들을 풀 수 없다는 것만큼은 이해할 수 있다; 비록 괴테 자신도 그 문제들을 풀지는 못했지만 말이다.

207. 내가 유리를 통해 순수한 빨강을 바라보는데 그것이 회색으로[29] 보인다면, 여기서 실제로 그 색깔의 회색 내용이 그 유리를 통해 나타났는가? 즉, 그게 그렇게 **보이기라도** 하는가?

208. 왜 나는, 노랑은 검정에 의해 흡수된다고 받아들이는 반면, 흰 유리가 그 무엇인가를 물들인다면, 그것은 검정을 물들여야 할 것이라고 느끼는가? 그 까닭은, 색깔 있는 맑은 것은 무엇보다 먼저 흰색을 물들여야 할 것이고,[30] 이렇게 하지 않으면서 희다[31]면 그것은 흐리기 때문이 아닌가?

209. 우리들이 눈을 아주 가늘게 뜨고 한 지역을 바라보면, 색깔들은 불분명해지고 모든 것은 좀 더 흑백의 성격을 띤다; 그러나 그런

---

29 (옮긴이 주) 즉, 회색을 띤 빨강으로.
30 (옮긴이 주) 원문의 'muße'를 CD-R 유고에 따라 'müße'로 고쳐 읽는다.
31 (옮긴이 주) 원문의 'Weiß'를 CD-R 유고에 따라 'weiß'로 고쳐 읽는다.

경우 나에게 그건 마치 내가 이러저러한 색깔이 있는 창유리를 통해 보는 것과 같은가?

210. 종종 흰색은 색깔이 없는 것으로서 말해진다. 왜? (투명성에 관해 생각하지 않을 때도 그렇게 말해진다.)

211. 그리고 흰색이 때로는 다른 순수한 색들과 같은 수준에서 나타나고(깃발들), 때로는 또한 그러지 않는다는 것은 주목할 만하다.
　　예를 들면, 흰빛을 띤 초록이나 빨강은 왜 '짙지 않다'고 일컬어지는가? 왜 흰색은 이 색깔들을 **약화**하지만, 노랑은 그러지 않는가? 이는 색채의 심리학(효과) 때문인가, 혹은 색채의 논리 때문인가? 자, "짙은", "더러운" 등과 같은 모종의 낱말들이 사용된다는 것은 심리학적인 것에 의거한다: 그러나 무릇 예리한 구별이 이루어진다는 것은 개념적인 것을 암시한다.

212. 이것은 하양이 **모든** 대립을 점차 폐지하는 반면, 빨강은 그러지 않는다는 것과 연관이 있는가?

213. 동일한 하나의 테마가 단조에서는 장조에서와 다른 성격을 지니지만, 단조 일반의 성격에 관해 말하는 것은 전적으로 잘못이다. (슈베르트에서 장조는 종종 단조보다 더 슬프게 들린다.) 그리고 그런 식으로, 개별 색깔들의 성격에 관해 말하는 것은 회화의 이해를 위해 불필요하며 무익하다고 나는 믿는다. 그런 말을 할 때 우리들은

실제로는 단지 특수한 사용들을 생각하고 있을 뿐이다. 식탁보의 색깔로서 초록이 이런 효과를 지니고 빨강은 저런 효과를 지닌다는 것은 그것들이 그림에서 갖는 효과에 대해 아무 결론도 허용하지 않는다.[32]

214. 하양은 모든 색깔을 취소한다; 빨강도 역시 그러는가?

215. 왜 갈색의 빛과 회색의 빛은 없는가? 백색의 빛 역시 없는가? 빛나는 물체는 희게 나타날 수 있다; 그러나 갈색이나 회색으로는 어느 쪽으로도 나타날 수 없다.

216. 왜 회색의 열화(熱火)를 상상할 수는 없는가?
왜 그것을 더 낮은 정도의 백색 열화로 상상할 수가 없는가?

217. 빛나는 것으로 보이는 것이 또한 회색으로 나타날 수 없다는 것은, 무색의 빛나는 것은 언제나 "백색"으로 불린다는 것, 그러니까 그것은 우리의 흰색의 개념에 관해 우리에게 어떤 것을 가르쳐 준다는 것을 암시한다.

218. 약한 백색의 빛은 회색의 빛이 아니다.

---

32 (옮긴이 주) 『문화와 가치』 173-174쪽 참조.

219. 그러나 우리가 보는 모든 것을 비추는 하늘은 그럼에도 불구하고 회색일 수 있다! 그리고 그것 자체가 빛나지는 않는다는 것을 나는 어떻게 단지 그 외관으로부터 아는가?

220. 즉, 가령: 오직 어떤 주위 환경에서만 어떤 것은 '회색'이거나 '흰색'이다.

221. 나는 여기서, **흰색의 인상**은 이러저러하게 이루어진다고 형태 심리학자들이 말하는 것처럼 말하고 있지 않다. 오히려 문제는 정확히, 흰색의 인상이 무엇인가, 이 표현의 의미, 개념의 논리가 무엇인가 하는 것이다.

222. 왜냐하면 '회색으로 작열하는' 어떤 것이 생각될 수 없다는 것은 색채 심리학에 속하지 않기 때문이다.

223. 한 물질이 회색 불꽃을 내며 탄다는 말을 우리가 듣는다고 상상해 보라. 당신은 어쨌든 전체 물질의 불꽃 색깔들을 알지는 못한다: 그럼 왜 그것은 가능하지 않아야 한단 말인가? 그렇지만 그것은 아무것도 의미하지 않을 것이다. 내가 그런 말을 들으면, 나는 단지 불꽃이 **약하게 빛을 발하고 있는** 것으로 생각할 것이다.

224. 빛을 발하는 것처럼 **보이는** 것은 회색으로 보이지 않는다. 모든 회색은 빛을 받는 것처럼 **보인다**.

그러나 어떤 것이 '빛을 발하는 것처럼 보일' 수 있다는 것은, 보이는 것에서의 밝기의 분포가 만들어 낸다. 그러나 또한 '어떤 것을 빛을 발하는 것으로서 본다'는 것도 존재한다; 어떤 상황에서 우리들은 반사된 빛을, 빛을 발하는 물체의 빛으로 여길 수 있다.

225. 나는 그러니까 어떤 것을 **지금은** 약하게 빛을 발하는 것으로, **지금은** 회색으로 볼 수 있을 것이다.

226. 빛을 발하는 것으로 보이는 것은 회색으로 보이지 않는다. 그렇지만 그것은 흰색으로 보일 수 있다.

227. 우리들은 '암적색(暗赤色)의 빛남'에 관해서는 말하지만, '흑적색(黑赤色)의'[33] 빛남에 관해서는 말하지 않는다.

228. 빛을 발한다는 **인상**이 존재한다.

229. 흰색이나 회색의 인상이 이러저러한 조건하에서만 (인과적으로) 발생한다고 말하는 것과 그것이 특정한 연관의 인상이라는 것 (정의)은 같은 것이 아니다. (첫 번째 것은 형태 심리학이고, 두 번째 것은 논리이다.)

---

33 (옮긴이 주) 앞의 I §42의 각주 참조.

230. '원현상'은, 예를 들면, 프로이트가 단순한 소망 충족의 꿈들에서 인식했다고 믿은 것이다. 원현상은 우리를 사로잡는 선입관념이다.[34]

231. 만약 나에게 밤중에 유령이 나타난다면, 그것은 약한 흰빛을 띤 외관을 지니고 빛날 수 있을 것이다; 그러나 만약 그것이 회색으로 보인다면, 그 빛은 틀림없이 어딘가 다른 곳에서 오는 것으로 보일 것이다.

232. 심리학이 외관에 관해 말할 때, 심리학은 외관과 존재를 연결한다. 그러나 우리는 오로지 외관에 관해서 말할 수 있다, 혹은 우리는 외관과 외관을 연결한다.

233. 유령의 색깔은 내가 그것을 정확히 모사하기 위해 팔레트 위에서 혼합해야 할 색이라고 말할 수 있을 것이다.
그러나 무엇이 정확한 그림인지는 어떻게 결정되는가?

234. 심리학은 체험된 것을 물리학적인 것과 연결하지만, 우리는 체험된 것을 체험된 것과 연결한다.

235. 우리들은 어스름을 어스름 속에서 그릴 수 있을 것이다. 그리

---

34 (옮긴이 주) 『문화와 가치』102쪽 및 괴테의 『색채론』 10장 174항 참조.

고 어떤 그림의 '올바른 조명'은 어스름일 수 있을 것이다. (무대 회화.)

236. 매끄러운 흰색 표면은 반사할 수 있다: 자, 그런데 우리들이 실수를 했고, 그러한 표면에서 반사된 것으로 보이는 것이 **실제로는** 그 표면 뒤에 있었는데 그 표면을 통해 보였던 것이라면 어떻게 될까? 그러면 그 표면은 희면서 투명할까? 그 경우에도, 우리가 보는 것은 색깔 있는 투명한 것에 부합하지 않을 것이다.

237. 우리들은 '검은 거울'에 대해 말한다. 그러나 그것이 반사할 때, 그것은 **어두워지기는** 하지만 검게 보이지는 않는다. 그리고 그 검음은 '더러워지지' 않는다.

238. 왜 초록은 검정에 먹히는데, 하양은 그러지 않는가?

239. 표면의 시각적 현상에만 관계되는 색채 개념들이 존재한다. 그리고 투명한 매체들의 현상에만, 혹은 차라리 그런 매체들의 시각적 인상에만 관계되는 색채 개념들이 존재할 수 있다. 우리들은 가령 은의 흰 양광부도 "흰색"이라고 부르기를 원하지 않을 수 있다. 그리고 그것을 표면의 흰색과 구별할 수 있을 것이다. 그런 까닭에, 내가 믿기로는, "투명한" 빛에 대한 이야기가 나오는 것이다.

240. 만약 우리들이 색깔 있는 불꽃이나 색깔 있는 투명한 물체를

가리키는 방식으로 어린아이에게 색채 개념들을 가르친다면, 흰색과 회색과 검은색의 독특성이 더 명료하게 드러날 것이다.

241. 모든 색채 개념이 논리적으로 같은 종류가 아니라는 것을 보기는 쉽다. 다음 개념들의 차이를 보기는 쉽다: "금색"이나 "은색", 그리고 "노란색"이나 "회색".

그러나 '하양'과 '빨강' 사이에 어느 정도 근친적인 차이가 존속한다는 것을 보기는 어렵다.

242. 우유가 불투명한 것은 그것이 희기 때문이 아니다, — 마치 흰색은 불투명한 것인 듯이 말이다.

비록 '흰색'이 시각적 표면에만 관계되는 개념일지라도, 왜 '흰색'과 근친적이면서 투명한 것과 관계되는 색채 개념은 없는가?

243. 어떤 한 매체가, 그걸 통해 보면 희고 검은 어떤 한 패턴(체스판)이 변함없이 나타나는 그런 것이라면, 비록 그것이 나머지 색깔들을 흰빛을 띠는 것으로 변화시킨다고 해도, 우리들은 그 매체를 흰 색깔이 있는 것으로 부르기를 원하지 않을 것이다.

244. 회색과 약하게 빛나거나 빛을 받는 흰색은 **한 가지** 뜻에서는 같은 색일 수 있다. 왜냐하면 내가 이 후자를 **그림으로 그린다**면, 아마도 팔레트 위에서 전자를 혼합해야 할 것이기 때문이다.

245. 내가 어떤 것을 회색으로 혹은 흰색으로 보고 있는지는 내가 내 주위의 사물들을 어떻게 조명된 것으로 보느냐에 달려 있을 수 있다. 나에게 이 색은 한 연관 속에서는 좋지 않은 조명을 받은 흰색이고, 다른 연관 속에서는 좋은 조명을 받은 회색이다.

246. 내 앞에 보이는 양동이는 번쩍거리는 흰색으로 광택이 난다. 내가 그것을 "회색"이라고 부르거나 "나는 실제로는 회색을 본다"라고 말하는 것은 불가능할 수 있을 것이다. 그러나 그것은 그 나머지 표면보다 훨씬 더 밝은 양광부를 지니고 있다. 그리고 그것은 둥글기 때문에 빛에서부터 점차 그늘로 옮겨 가는데도, 색깔이 다르게 나타나지는 않는다.

247. 이 자리에서의 양동이의 색깔은 어떤 것인가? 나는 그것을 어떻게 결정하는가?

248. 현상학은 존재하지 않지만, 현상학적 문제들은 존재한다.

249. 우리들은 이렇게 말했으면 한다. 즉, 빨강의 혼합은 색깔들을 엷게 하지 않지만, 하양의 혼합은 색깔들을 엷게 한다고 말이다.
다른 한편으로, 분홍이나 흰빛을 띤 파랑이 언제나 엷은 것으로 느껴지는 것은 아니다.

250. "빛나는 회색은 흰색이다"라고 말할 수 있는가?

251. 우리가 색의 본질에 관해 숙고할 적에 마주치는 난점들(괴테가『색채론』을 통해 해결하려고 한[35])은 우리에게 색채 동일성의 개념이 하나만 있는 게 아니라 서로 근친적인 여러 개념이 있다는 점에 이미 포함되어 있다.

252. 문제는 이것이다: 우리가 시각 상을 색깔 있는 투명한 매체의 시각 상으로 불러야 한다면, 그 시각상은 어떤 종류여야 하는가? 또는: 어떤 것이 우리에게 투명하고 색깔 있는 것으로서 나타나려면, 그것은 어떻게 보여야 하는가? 이것은 물리학의 물음이 아니지만, 물리학적인 물음과 연결되어 있다.

253. 우리가 색깔 있는 투명한 매체의 시각 상이라고 부르는 우리의 시각 상은 그 천성이 어떠한가?

254. "소재의 색"이라고 부를 수 있는 것과 "표면의 색"이라고 부를 수 있는 것이 존재하는 것으로 보인다.

255. 우리의 색채 개념들은 때로는 실체들에 관계되고(눈은 희다), 때로는 표면들에 관계되고(이 탁자는 갈색이다), 때로는 불빛들에 관계되고(붉은빛을 띤 저녁놀에서), 때로는 투명한 물체들에 관계된다. 그리고 공간적 연관과 논리적으로 독립된, 시야 속 한 장소에 대한

---

35 (옮긴이 주) 앞의 I §56의 각주 참조.

적용도 있지 않은가?

내가 시각 상을 전혀 공간적으로 해석할 수 없더라도, 나는 "거기서 나는 흰색을 본다"라고 말할(그리고 그것을 그림으로 그릴) 수 없는 가? (색채 반점들.) (나는 점묘화법을 생각하고 있다.)

256. 하나의 색채를 일반적으로 명명할 수 있다는 것은 아직 그것을 정확히 모사할 수 있다는 것을 뜻하지 않는다. 아마 나는 "저기서 나는 붉은빛을 띤 곳을 본다"라고 말할 수 있을 것이지만, 내가 정확히 같다고 인정하는 색을 혼합할 수는 없을 것이다.

257. 가령, 당신이 두 눈을 감을 때 당신이 보는 것을 그림으로 그려 보라! 그럼에도 불구하고 당신은 그것을 **대략** 기술할 수 있다.

258. 윤을 낸 은, 니켈, 크롬 등의 색깔들, 혹은 이런 금속에 있는 째 진 틈의 색깔을 생각하라.

259. 나는 한 색깔에 "F"라는 이름을 부여하고, 그것을 내가 **저기서** 보는 색이라고 말한다. 또는 아마 나는 나의 시각 상을 그림으로 그리 고, 그다음 단순히 "나는 **이것**을 본다"라고 말할 것이다. 자, 나의 그림 (시각 상)의 **이곳**에는 어떤 색깔이 있는가? 나는 그것을 어떻게 결정 하는가? 나는 가령 "코발트 청색"이라는 낱말을 도입한다: 나는 "코발 트 청색"이 무엇인지를 어떻게 고정하는가? 나는 이 색깔의 범례로서 어떤 한 장의 종이를 들거나 어떤 단지 속에 있는 색소를 들 수 있을

것이다. 그런데 나는 (예컨대) 한 표면이 이 색깔을 지니고 있다는 것은 어떻게 결정하는가? 모든 것은 비교 방식에 달려 있다.

260. 한 표면의 전체 "색깔" 인상이라고 불릴 수 있는 것은 결코 표면의 모든 색들의 일종의 산술적 평균이 아니다.

261.   ["나는 X를 본다(듣는다, 느낀다 등등)."
                        "나는 X를 관찰한다."

X는 첫 번째와 두 번째에서 같은 개념을 나타내지 않는다; 비록 두 번 다 같은 낱말 표현, 예컨대 "고통"이 들어선다고 하더라도 말이다. 왜냐하면 첫 번째 문장에 대해서 "어떤 종류의 고통?" 하고 질문이 이어질 수 있을 것이고, 우리들은 질문자를 바늘로 찌름으로써 대답할 수 있을 것이기 때문이다. 그러나 두 번째 문장에 대해 "어떤 종류의 고통?"이라는 질문이 이어진다면, 그 대답은 예컨대 "내 손에 있는 고통"과 같이 다른 종류여야 한다.]

262. 나는 "내 시야의 **이곳**에 이 색깔이 (모든 해석과는 별도로) 있다"라고 말했으면 한다. 그러나 이런 문장을 나는 무엇에 사용하는가? "이" 색깔은 내가 재생할 수 있는 색깔이어야 한다. 그리고 어떤 것이 이 색깔을 지니고 있다고 내가 어떤 상황에서 말하는지가 결정되어야 한다.

263. 어떤 사람이 렘브란트의 얼굴에 있는 홍채(虹彩)의 한곳을 가

리키면서 다음과 같이 말했다고 생각해 보라: "내 방의 벽은 이 색깔로 칠해져야 한다."

264. 우리가 "내 시야 속에 있는 이 장소는 회녹색이다"라고 말할 수 있다는 것이, 그 색조의 정확한 모사가 무엇이라고 일컬어져야 할지를 우리가 안다는 것을 의미하지는 않는다.

265. 내가 내 창문에서 보이는 경치를 그림으로 그린다; 어떤 집의 건축에서 차지하는 위치에 의해 규정된 특정한 한 곳을 나는 황갈색으로 칠한다. "나는 이곳을 이런 색으로 본다"라고 나는 말한다.

이는 내가 이곳에서 황갈색을 본다는 것을 의미하지는 않는데, 왜냐하면 그 색소는, 그렇게 둘러싸이면, 나에게 황갈색보다 훨씬 더 밝거나 더 어둡거나 더 붉은빛을 띠는 (등등) 것으로 나타날 수도 있기 때문이다.

나는 가령 이렇게 말할 수 있다: "내가 여기서 (황갈색으로) 칠한 바와 같이, 그렇게 나는 이곳을 본다; 즉, 강한 붉은빛을 띤 노랑으로 말이다."

그러나 만일 내가, 여기서 나에게 나타나는 **정확한** 색조를 진술하도록 요구받는다면 어떻게 될까? 나는 그것을 어떻게 진술하고 어떻게 규정해야 할까? 혹자는, 예를 들면, 내가 어떤 색견본을, 즉 이 색깔을 지닌 장방형의 종잇조각을 내보이기를 나에게 요구할 수 있을 것이다. 나는 그와 같은 비교가 아무런 흥미도 없을 거라고는 말하지 않는다. 그러나 그러한 비교는 색조들이 어떻게 비교될 수 있는지,

그리고 "색깔이 같음"이 여기서 무엇을 의미하는지가 처음부터 명료한 것은 아니라는 점을 보여 준다.

266. 회화 한 점이 대충 같은 정도의 색조를 지닌 작은 조각들로 잘라진 다음에 이 조각들이 조각 맞추기 놀이의 조각들로 사용된다고 생각해 보라. 그러한 조각이 단색이 아닌 곳에서도, 그 조각은 어떤 입체적 형태를 예시하지 않고 단순히 단조로운 색 반점으로 나타나야 한다. 그것은 다른 조각들과의 연관 속에서야 비로소 한 조각의 하늘, 하나의 그늘, 하나의 광채, 오목하거나 볼록한 하나의 표면 등등이 된다.

267. 이 조각 맞추기 놀이는 그러니까 그림 내의 장소들의 본래적 색깔들을 보여 준다고 할 수 있을 것이다.

268. 우리들은 우리의 색채 개념 분석이 결국 우리의 시야 속 장소들의 색깔들에 이르며, 이것들은 모든 공간적이거나 물리학적인 해석과 독립적이리라고 믿는 경향이 있을 수 있을 것이다; 왜냐하면 여기엔 조명도 없고, 그림자도 없으며, 광채도 없고, 투명성이나 불투명성 등등도 없기 때문이다.

269. 어두운 바탕 위에서 폭이 없는 단색의 밝은 선으로 우리에게 나타나는 것은 희게 보일 수는 있지만, 회색으로 보일 수는 없을 것이다.(?) 행성은 밝은 회색으로 보일 수 없을 것이다.

270. 그러나 사정에 따라서는 우리들은 점이나 선을 회색으로 **해석
하지 않을까?** (사진을 생각하라.)

271. 나는 실제로 사진 속 소년[36]의 머리칼을 금발로 보는가?! —
나는 그것을 회색으로 보는가?

나는 사진에서 **그렇게** 보이는 것이 현실에서 금발이어야 한다고 단
지 **추론하는** 것인가?

한 가지 뜻에서는 나는 그것을 금발로, 다른 한 가지 뜻에서는 더 밝
고 더 어두운 회색으로 **본다.**

272. '암적색'과 '흑적색'은 같은 종류의 개념이 아니다. 루비는 들
여다보면 암적색으로 나타날 수 있지만, 맑다면 흑적색으로 나타날
수 없다. 화가는 루비를 흑적색 반점을 통해 묘사할 수 있겠지만, 그림
에서 이 반점은 흑적색으로 작용하지 않을 것이다. 그것은 그 면이 삼
차원적으로 나타나는 것과 마찬가지로, 깊이를 지닌 것으로 보인다.

273. 사진에서와 마찬가지로 영화에서 얼굴과 머리칼은 **회색**으로
보이지 않는다. 그것들은 아주 자연스러운 인상을 준다: 그에 반해,
대접에 놓인 음식은 영화에서 종종 회색으로 보이고, 그 때문에 맛없
게 보인다.

---

36 (옮긴이 주) I부 §§63-64와 III부 §117 참조.

274. 그러나 머리칼이 사진에서 금발로 보인다는 것은 무엇을 뜻하는가? 그것이 그렇게 **보인다**는 것, 그리고 그 색깔이 단지 **추론되는** 게 아니라는 것은 어떻게 드러나는가? 우리의 어떤 반응들이 우리로 하여금 그런 말을 하게 하는가? ── 돌이나 석고로 된 머리는 희게 보이지 않는가?

275. "금발"이란 낱말조차 금발이라고 **들릴** 수 있다면, 사진 찍힌 머리칼은 얼마나 더 일찍이 금발로 보일 수 있을까!

276. 자, 나는 그 사진을 아주 자연스럽게 다음과 같은 말로 기술하게 될 것이다: "어두운 머리칼을 지닌 한 남자와 금발 머리를 매끄럽게 뒤로 빗어 넘긴 소년 하나가 기계 옆에 서 있다." 이렇게 해서 나는 그 **사진**을 기술하게 될 것이다. 그리고 만약 어떤 사람이, 그건 그 사람들이 아니라 아마도 사진 찍힌 대상들을 기술하는 거라고 말한다면, 나는 단지, 그 사진은 **마치** 그 머리칼이 이런 색깔인 **듯** 보인다고 말할 수 있을 것이다.

277. 만약 내가 그 사진을 기술하라고 요구받는다면, 나는 그것을 그런 말로 기술할 것이다.

278. 색맹인 사람은 자기가 색맹이라는 진술을 이해한다. 맹인인 사람은 자기가 맹인이라는 진술을 이해하고. 그러나 그들은 이 문장들을 정상인이 사용하는 모든 방식으로 사용할 수 없다. 왜냐하면 정상

인은, 그들이 배워 익힐 수 없는, 예컨대 색채어가 있는 언어놀이를 숙달하는 것처럼, "색맹"과 "맹인"이란 말을 가지고 하는 언어놀이도 숙달하기 때문이다.

279. 어떤 사람이 **본다**는 것이 어떠한 것인지를 우리들은 맹인에게 기술할 수 있는가? ― 물론이다; 맹인은 자신과 같은 사람과 눈이 보이는 사람 간의 차이에 관해서 실로 많은 것을 배운다. 그럼에도 불구하고 우리들은 저 질문에 대해, 아니라고 대답했으면 한다. ― 그러나 그 질문은 잘못 제기되어 있지 않은가? 우리들은 '축구를 한다는 것이 어떤 것인지'를 축구를 하지 않는 사람과 축구를 하는 사람 모두에게 기술할 수 있다; 후자에게는 아마도, 그가 그 기술이 올바른지를 검사하도록 말이다. 어떤 사람이 본다는 것이 어떠한 것인지를 도대체 우리들은 보는 사람에게 기술할 수 있는가? 그러나 그에게 우리들은 눈먼 상태가 무엇인지는 어쨌든 설명할 **수 있다**! 즉, 우리들은 그에게 맹인의 특징적 행동을 기술할 수 있고, 그의 두 눈을 가릴 수 있다. 다른 한편으로, 우리들은 맹인을 잠시 보게 만들 수는 없지만, 보는 사람의 행동을 맹인에게 기술할 수는 있다.

280. '색맹 상태'(혹은 '눈먼 상태')는 하나의 현상이고, '봄'은 아니라고 말할 수 있는가?

그것은 가령, "나는 본다"는 하나의 표명[37]이고 "나는 맹인이다"

---

37 (옮긴이 주) 원말은 'Äußerung'. 이 말은 감각, 감정, 믿음 등의 (보통 내면적인 것으로 간주되는) 심적인 것을 심리학적 주체가 자연-본성적으로 외적으로 표출

는 그렇지 않다는 뜻이었을 것이다. 그러나 그럼에도 불구하고 그것은 참이 아니다. 사람들은 거리에서 나를 종종 맹인으로 간주한다. 나는 그런 사람에게 "나는 보고 있다", 즉 나는 눈멀지 않았다고 말한다.

281. 우리들은 다음과 같이 말할 수 있을 것이다: 이러저러한 것을 배워 익힐 수 없는 사람들이 존재한다는 것은 하나의 현상이다. 이 현상이 색맹 상태이다. ── 그러므로 색맹 상태는 하나의 무능력이지만, 봄은 능력일 것이다.

282. 나는 체스를 둘 수 없는 B에게, "A는 체스를 배워 익힐 수 없다"라고 말한다. B는 이것을 이해할 수 있다. ── 그러나 이제 나는 그 어떤 놀이도 도무지 배워 익힐 수 없는 어떤 사람에게, 모모(某某)는 놀이를 배워 익힐 수 없다고 말한다. 저 사람은 놀이의 본질에 대해 무엇을 아는가? 그는, 예를 들면, 놀이에 관해 완전히 잘못된 개념을 가질 수 없는가? 자, 그들은 아무런 놀이를 할 수 없기 때문에, 그 자신도 그 다른 사람도 어떤 오락에 초대받을 수 없다는 것을 그는 이해할 것이다.

283. 내가 여기서 말하려고 하는 모든 것은, "나는 붉은 원을 본다"

함, 또는 그런 것이 그 주체에 의해 언어적, 비언어적 행동으로 표출된 것을 의미한다. 언어적 표출의 경우에 이 말은 보통 '발언'이라고 번역되는데, 비트겐슈타인은 특별히 이 말을 관찰에 기초한 기술(記述)이나 보고와 구별되는 의미로 사용하기도 하며, 이 경우 이 말을 본 번역에서는 '표명'으로 옮긴다.

라는 발언과 "나는 본다, 눈멀지 않았다"라는 발언이 논리적으로 상이하다는 것으로 되는가? 첫 번째 진술이 참인지를 발견하기 위해서 우리들은 사람을 어떻게 검사하는가? 그리고 두 번째 진술이 참인지를 발견하기 위해서는 어떻게 하는가? 심리학은 색맹 상태를 확인하는 법과 또한 바로 그걸 통해 정상적인 봄을 확인하는 법을 가르친다. 그러나 **누가** 이것을 배워 익힐 수 있는가?

284. 나는 나 자신이 배워 익힐 수 없는 놀이는 누구에게도 가르칠 수 없다. 색맹인 사람은 정상적으로 보는 사람에게 색채어의 정상적인 쓰임을 가르칠 수 없다. 이는 참인가? 그는 그에게 놀이를, 쓰임을 **해 보일** 수 없다.

285. 색맹인 민족에 속하는 사람은 낯선 종류의 사람들(우리가 "정상적으로 보는" 사람들이라고 부를 사람들)을 마음속에 그리려는 생각에 이를 수 없을까? 그런 정상적으로 보는 사람을 그가 예컨대 연극에서 묘사할 수 없을까? 그가 예언의 재능을 지니고 있지 않고서도 그런 재능을 지닌 사람을 또한 묘사할 수 있듯이 말이다. 그것은 최소한 생각될 수는 있다.

286. 그러나 색맹인 사람이 자기 자신을 "색맹"이라고 부를 생각에 언젠가 빠져든 적이 있을까? — 왜 없을까?
그러나 만일 '정상적으로 보는 사람들'이 색맹인 주민 가운데에서 예외자들이라면, 그들은 어떻게 색채어의 '정상적인' 쓰임을 배워 익힐 수 있을까? ― 그들은 그저 색채어를 '정상적으로' 쓰고, 다른 사람들의 눈에는 아마도 어떤 실수를 하고 있는 것으로 보이다가, 다른 사람들이 그 비상한 능력을 결국 평가하는 법을 배우게 되는 일이 가능하지 않은가?

287. 내가 그러한 사람을 만난다면 그 상황이 나에게 어떻게 보일지를 나는 상상할(마음속에 그릴) 수 있다.

288. 나는 나에게 중요한 것이 그에게는 중요하지 않은 어떤 사람이 어떻게 행동할지를 상상할 수 있다. 그러나 내가 그의 **상태**를 상상할 수 있는가? ― 무슨 말인가? ― 나는 나에게 중요한 것이 그에게 중요한 어떤 사람의 상태를 상상할 수 있는가?

289. 나는 또한 나 자신은 곱셈을 배워 익힐 수 없으면서도, 곱셈을 하는 사람을 정확히 흉내 낼 수 있을 것이다.
그리고 그렇다면 나는 곱셈하는 법을 다른 사람들에게 가르칠 수 없을 것이다, 비록 내가 어떤 사람이 곱셈하는 법을 배워 익히도록 자극을 주는 것이 생각될 수는 있겠지만 말이다.

290. 명백히, 색맹인 사람은 자신의 색맹 상태가 드러나게 된 검사를 서술할 수 있다. 그리고 그가 그 후에 서술할 수 있는 것을, 그는 또한 고안했을 수 있을 것이다.

291. 어떤 사람에게 고등수학을 기술하는 일이, 그와 동시에 그에게 고등수학을 가르치는 일 없이 가능한가? 또는: 이러한 가르침이 계산 방식의 **기술인가**? 어떤 사람에게 테니스 놀이를 기술한다는 것은 그에게 그것을 가르친다는 것을 뜻하지 **않는다**(그리고 그 역도 마찬가지이다). 다른 한편으로, 테니스가 무엇인지를 몰랐는데 이제 그것을 배우는 사람은, 그것을 안다. ("기술(記述)에 의한 앎과 대면(對面)에 의한 앎."[38])

292. 절대 음감을 지닌 사람은 내가 배워 익힐 수 없는 언어놀이를 배워 익힐 수 있다.[39]

293. 사람들의 개념들은 그들에게 무엇이 중요하고 무엇이 중요하지 않은지를 보여 준다고 말할 수 있을 것이다. 그러나 이것은 마치 그들이 갖고 있는 특별한 개념들을 **설명한** 것과 같은 것이 아니다. 그것은 단지, 마치 우리는 올바른 개념들을 갖고 있고 다른 사람들은 잘못된 개념들을 갖고 있는 것처럼 파악하는 것만을 배제해야 마땅하다. (계산의 잘못으로부터 다른 방식의 계산으로의 이행이 존재한다.)

294. 맹인이 파란 하늘이나 다른 특별히 시각적인 현상들에 관해 이야기할 때(그들은 이런 이야기를 곧잘 한다), 눈이 멀지 않은 사람은

---

38 (옮긴이 주) 러셀, 『철학의 문제들』(박영태 옮김, 서울: 이학사, 2000) 5장 참조.
39 (옮긴이 주) 『심리학의 철학에 관한 소견들』 I권 §611 참조.

종종 "그가 그걸로 무엇을 상상하는지 누가 아는가?"라고 말한다. 그러나 그는 왜 그런 말을 눈이 멀지 않은 다른 모든 사람에 대해 말하지 않는가? 그것은 당연히, 도대체가 잘못된 표현이다.

295. 노후하지 않은 지성을 지닌 다른 사람에게는, 나의 글이 이렇게 지루하게 다루고 있는 것이 자명할 수 있다.

296.[40] 우리는 "이 언어놀이를 모르는 사람들을 생각해 보자"라고 말한다. 그러나 그로써 우리는 아직 이 사람들의 삶에 관해, 그 삶이 우리의 삶과 어디에서 어긋나는가에 관해, 명료한 표상을 얻은 게 없다. 우리는 우리가 무엇을 상상해야 하는지를 아직 알지 못한다; 왜냐하면 저 사람들의 삶은 그 외에는 실로 우리의 삶과 상응해야 하는데, 우리가 새로운 상황에서 무엇을 우리의 삶에 상응하는 삶으로 부를지는 비로소 규정되어야 하기 때문이다.

그것은 마치 왕 말 없는 체스를 두는 사람들이 있다고 말하는 것 같지 않은가? 곧바로 질문들이 제기되는데, 그러면 누가 이기고, 누가 지느냐 (등등) 하는 것이다. 당신은 저 처음의 규정에서는 아직 당신이 예견하지 못하는 **그 이상의** 결단들을 내려야 한다. 당신이 다만 원래의 기술(技術)에 그때그때 익숙할 뿐, 그 기술을 또한 조망하고 있는 것은 아닌 것처럼 말이다.

---

40 (옮긴이 주) 이 절부터 마지막 소견까지는 §317을 제외하면 『심리학의 철학에 관한 마지막 글들』(*Letzte Schriften über die Philosophie der Psychologie, Bd. 2: Innen und Außen*) II권 pp.71-79의 내용과 동일하다.

297. 위장(僞裝)에는, 다른 사람들의 위장이 가능하다고 여겨진다는 것이 또한 속한다.

298. 우리가 사람들이 위장한다고 추측했으면 하지만, 이 사람들이 서로 간에 아무런 불신도 보이지 않는 그런 방식으로 행동한다면, 그렇다면 그들은 어쨌든 위장하는 사람들이란 그림(像)을 낳지 않는다.[41]

299. '우리는 되풀이해서 이 사람들에 관해 놀라지 않을 수 없다.'

300. 우리는 무대 위에 있는 어떤 사람들을 묘사하면서, 그들로 하여금 그들이 물론 실제 삶에서는 발언하지 않겠지만 어쨌든 그들의 사고에는 상응할 터인 혼잣말(방백)들을 하게 할 수 있을 것이다. 그러나 우리는 낯선 종류의 사람들은 그렇게 묘사할 수 없을 것이다. 설령 우리가 그들의 행동을 예견할 수 있더라도, 우리는 그들로 하여금 어떤 적합한 혼잣말도 하게 할 수 없을 것이다.

그렇지만 이러한 고찰 방식에도 뭔가 잘못된 것이 있다. 왜냐하면 어떤 사람이 행동하는 동안 그는 실제로 자기 자신에게 어떤 것을 말할 수 있을 것이며, 이것은 예컨대 아주 관습적일 수 있을 것이기 때문이다.

---

41 (옮긴이 주) 『쪽지』 §§383-384 참조.

301. 내가 어떤 사람의 친구가 될 수 있다는 것은, 그가 나 자신과 같거나 비슷한 **가능성들**을 지니고 있다는 것에 의거한다.

302. 우리의 개념들에는 우리의 삶이 반영된다고 말하는 것은 올바를까?
우리의 개념들은 우리의 삶의 한가운데에 있다.

303. 우리의 언어의 규칙성은 우리의 삶을 관통한다.

304. 그는 우리의 고통 개념을 갖고 있지 않다는 말을 우리는 누구에 대해 할까? 나는 그가 고통을 모른다고 가정할 수 있을 테지만, 그가 고통을 안다고 가정하려고 한다; 그는 그러니까 자신의 고통들을 표명하고, 우리들은 그에게 "나는 고통스럽다"란 말을 가르칠 수 있을 것이다. 그는 또한 자신의 고통들을 기억할 수도 있어야 하는가? — 그는 다른 사람들의 고통의 표명을 고통의 표명으로서 인식해야 하는가? 그리고 이는 어떻게 드러나는가? 그는 동정을 보여야 하는가? — 그는 연기(演技)된 고통을 **그러한 것으로서** 이해해야 하는가?

305. "나는 그가 **얼마나** 화가 났는지 모른다." "나는 그가 **실제로** 화가 났는지 모른다." — 그 자신은 그걸 아는가? 자, 우리들은 그에게 물어본다. 그리고 그는 말한다: "예, 나는 화가 났습니다."

306. 다른 사람이 화가 났는지에 관해 **확신이 없음**이라는 것은 도대체 무엇인가? 그것은 확신이 없는 사람의 정신 상태인가? 왜 정신 상태가 우리의 관심을 끌어야 하는가? 그것은 "그는 화가 나 있다"란 진술의 쓰임에 있다.

307. 그러나 어떤 사람은 확신이 없고, 다른 사람은 확신할 수 있다: 그는 이 사람이 화가 나 있을 때의 '얼굴 표정을 안다'. 어떻게 그는 화난 사람의 기색을 그런 것으로서 배워 아는가? 그것은 말하기가 쉽지 않다.

308. 그러나 "다른 사람의 상태에 관해 확신이 없다는 것은 무엇을 뜻하는가?"뿐만이 아니라, — 또한 "'저 사람이 화를 낸다는 것을 안다, 확신한다'는 것은 무엇을 뜻하는가?"

309. 여기서, 나는 도대체 본래 무엇을 원하는가, 문법을 어느 정도까지 다루려고 하는가 하는 물음이 제기될 수 있을 것이다.

310. 그가 나를 방문할 것이라는 확신과 그가 화를 내고 있다는 확신에는 어떤 공통적인 것이 있다. 테니스놀이와 체스놀이에도 어떤 공통적인 것이 있지만, 아무도 여기서 다음과 같이 말하지는 않을 것이다: "아주 단순하다: 그들은 두 번 다 놀이를 하고 있지만, 다만 어떤 다른 것을 놀이하고 있는 것이다." 이 경우에는 "그는 한 번은 사과를 먹고, 다른 한 번은 배를 먹는다"와의 비유사성이 보인다; 반면에

저 경우에는 그런 비유사성이 그리 쉽게 보이지 않는다.

311. "나는 그가 어제 도착했다는 것을 안다."―"나는 2×2=4라는 것을 안다."―"나는 그가 고통스러웠다는 것을 안다."―"나는 저기에 탁자가 있다는 것을 안다."

312. 나는 매번 알지만, 다만 항상 어떤 다른 것을 아는 것인가? **물론이다.** ― 그러나 언어놀이들은 이 문장들에서 우리에게 의식이 되는 것보다 훨씬 더 상이하다.

313. "물리적 대상들의 세계와 의식의 세계." **후자**에 대해 나는 무엇을 아는가? 나의 감관들은 나에게 무엇을 가르치는가? 그러니까, 우리들이 보고, 듣고, 느끼고 등등을 하면, 그것은 어떠한 것인가? ― 그러나 나는 그것을 실제로 배우는가? 혹은 나는 **내가 지금** 보고, 듣고 등등을 하면 그게 어떠한 것인지를 배우고, 그것이 이전에도 그러했다고 **믿는가**?

314. 의식의 '**세계**'란 본래 무엇인가? 여기서 나는 이렇게 말했으면 한다: "내 마음속에서 일어나는 것, 지금 내 마음속에서 일어나는 것, 내가 보고, 듣고,……하는 것." 우리는 그것을 단순화하여 "내가 지금 보는 것"이라고 말할 수 있지 않을까? ―

315. 질문은 명백하다: 우리는 물리적 대상들을 어떻게 비교하며 ―

체험들은 어떻게 비교하는가?

316. '의식의 세계'란 본래 무엇인가? — 내 의식 속에 있는 것: 내가 지금 보고, 듣고, 느끼고,……하는 것. — 그리고 지금 나는 예컨대 무엇을 보는가? 포괄하는 몸짓과 함께 "자, **그 모든 것**"이라고 말하는 것은 그것에 대한 대답일 수 없다.

317. 신을 믿는 사람이 자기 주위를 둘러보며, "내가 보는 것들은 모두 어디로부터 왔는가?", "이 모든 것은 어디로부터?"라고 묻는다면, 그는 (인과적) 설명을 요구하는 것이 **아니다**. 그리고 그의 물음의 요점은, 그 물음이 이러한 요구의 표현이라는 것이다. 그 사람은 그러니까, 모든 설명에 대한 하나의 입장을 표현하고 있다. — 그러나 그 입장은 그의 삶에서 어떻게 나타나는가? 그것은 특정한 문제를 심각하게 받아들이지만, 그럼에도 불구하고 특정한 **점**에서는 그것을 심각하게 받아들이지 않고, 다른 어떤 것이 훨씬 더 심각하다고 선언하는 입장이다.

그래서 어떤 이는 이러이러한 사람이 특정한 작품을 완성할 수 있기 전에 죽었다는 것이 매우 심각하다고 말할 수 있다; 그리고 다른 뜻에서는 그것은 전혀 문제가 되지 않는다. 여기에서 "보다 깊은 뜻에서"라는 말이 사용된다.

내가 본래 말했으면 하는 것은, 여기에서도 중요한 것은 우리들이 발화하는 **말**이나 그때 우리들이 생각하는 것이 아니라, 그 말이 삶의 다양한 장소에서 만들어 내는 차이라는 것이다. 두 사람이 각각 자기는 신을 믿는다고 말할 때, 그 둘이 동일한 것을 뜻한다는 것을 나는 어떻게 아는가? 그리고 이와 똑같은 말을 우리들은 삼위일체에 관해서 말할 수 있다. **어떤** 말과 구절들의 쓰임을 강요하고 다른 것들은 추방하는 신학은 아무것도 더 명료하게 해 주지 않는다. (카를 바르트(Karl Barth).[42]) 그것은 말하자면 말을 휘두르는 것이다; 왜냐하면 그것은 어떤 것을 말하고자 하면서, 그것이 어떻게 표현될 수 있는지를 모르기 때문이다. **실천이** 말에 그 뜻을 준다.[43]

318. 나는 이 반점을 관찰한다. "이제 그것은 **이렇다**" — 하면서 동시에 나는 가령 어떤 한 그림을 가리킨다. 나는 같은 것을 지속적으로 **관찰**할 수 있고, 그 경우 내가 **보는** 것은 똑같이 남아 있거나 변할 수 있다. 내가 관찰하는 것과 내가 보는 것은 같은 종류의 동일성을 지니고 있지 않다. 왜냐하면 예컨대 "이 반점"이란 말은 내가 뜻하는 종류의 동일성을 인식하게 하지 않기 때문이다.

319. "심리학은 색맹 현상들과 정상적인 봄의 현상들을 기술한다." '색맹 현상들'이란 무엇인가? 어쨌든 색맹인 사람의 반응들, 색맹인 사람을 정상인과 구별되게 하는 반응들이다. 하지만 색맹인 사람의

---

42 (옮긴이 주) 카를 바르트(Karl Barth; 1886~1968): 스위스의 신학자로, 이른바 변증신학의 창시자. '하느님은 말씀하셨다(Deus Dixit)'는 명제와 함께 예수 그리스도가 곧 기독교인이 따라야 할 하느님의 말씀임을 강조하는 말씀 중심의 신학을 전개했다. 그러나 동시에 그는 교회 교의학의 원재료가 되는 종교적 표현들에 관해 다음과 같이 말했다: "어디서나 마찬가지로, 여기서 이들 표현은 그것들이 사용되는 연관 맥락들로부터 그 의미들을 얻는다."(『교회 교의학』 1권 1부)
43 (옮긴이 주) 『문화와 가치』 174-175쪽 및 『쪽지』 §144 참조.

모든 반응은 아니다; 예를 들면, 그를 맹인과 구별되게 하는 반응들도 아니다. ― 나는 맹인에게 본다는 것이 무엇인지를 가르칠 수 있는가, 혹은 이것을 눈이 보이는 사람에게 가르칠 수 있는가? 그것은 아무것도 뜻하지 않는다. 도대체, **본다**는 것을 기술한다는 것은 무엇을 뜻하는가? 그러나 나는 사람들에게 "눈이 먼", "눈이 보이는"이란 낱말들의 의미를 가르칠 수 있으며, 게다가 눈이 보이는 사람은 눈이 먼 사람이 배우는 것처럼 그것을 배운다. 눈이 먼 사람은 사람들이 본다는 것이 도대체 어떤 것인지를 아는가? 그러나 눈이 보이는 사람은 그것을 아는가?! 그는 의식을 지니고 있다는 것이 어떤 것인지도 아는가?

그러나 심리학자는 눈이 보이는 사람의 행동과 눈이 먼 사람의 행동 사이에서 차이를 관찰할 수 없는가? (기상학자는 비와 가뭄의 차이를 관찰할 수 없는가?) 어쨌든, 예를 들면, 수염이 제거된 쥐들과 절단되지 않은 쥐들의 행동 차이는 관찰될 수 있을 것이다. 그리고 이것은 아마도, 이 촉각 기관의 역할을 기술하는 것이라고 일컬어질 수 있을 것이다. ― 눈먼 사람의 삶은 눈이 보이는 사람의 삶과 다르다.

320. 정상인은 예컨대 받아쓰기하는 법을 배워 익힐 수 있다. 그것은 무엇인가? 자, 한 사람은 말하고, 다른 사람은 그 사람이 말하는 것을 쓴다. 그러니까 그가 예컨대 소리 a를 말하면, 다른 사람은 기호 "a"를 쓰고 등등을 한다. 이제 이러한 설명을 **이해하는** 사람은, 그 놀이를 아마도 이 이름하에 알고 있지 않을 뿐 이미 알고 있거나, ― 아니면 그 놀이를 그 기술(記述)을 통해 배웠거나 해야 하지 않는가? 그러나 카를 대제(Karl der Große)는 확실히 쓰기의 원칙을 이해했

음에도 불구하고, 쓰기를 배울 수 없었다. 그러니까 그 기술(技術)의 기술(記述)을 이해하는 사람도 이 기술(技術)을 배워 익히지 못할 수 있다. 그러나 배워-익힐-수-없음에는 두 경우가 존재한다. 한 경우에 우리는 단지 숙련에 도달하지를 못하고, 다른 경우에 우리는 이해를 성취하지 못한다. 우리들은 어떤 사람에게 어떤 한 놀이를 **설명할** 수 있다: 그는 이 설명을 이해할지 모르지만, 그 놀이를 배워 익힐 수 없거나, 그 놀이의 설명을 이해할 능력이 없을 수 있다. 그러나 그 역 또한 생각될 수 있다.[44]

321. "당신은 나무를 보고, 맹인은 보지 못한다." 이 말을 나는 눈이 보이는 사람에게 해야 할 것이다. 눈이 먼 사람에게는 그러니까, "당신은 나무를 보지 못하고, 우리는 본다"라고 말해야 할 것인가? 맹인이 자기는 본다고 믿는다면 그것은 어떠할까? 혹은 내가 나는 볼 수 없을 것이라고 믿는다면?

322. 내가 나무를 본다는 것은 하나의 현상인가? 내가 이것을 나무로 옳게 인식하는 것과 내가 눈이 멀지 않았다는 것은 하나이다.

323. 시각 인상의 표명으로서의 "나는 나무를 본다", — 이것은 현상의 기술인가? **어떤** 현상? 나는 이것을 누군가에게 어떻게 설명할 수 있는가?

---

44 (옮긴이 주) 『문화와 가치』 157쪽 참조.

그렇지만 내가 이런 시각 인상을 지니고 있다는 것은 다른 사람에게는 하나의 현상이 아닌가? 왜냐하면 그것은 그가 관찰하는 것이지만, 나는 관찰하는 것이 아니기 때문이다.

"나는 나무를 본다"라는 말은 현상의 기술이 아니다. (예를 들면, 나는 "나는 나무를 본다! 얼마나 이상한가!"라고는 말할 수 없을 것이지만, "거기에 아무런 나무도 없지만, 나는 나무를 본다. 얼마나 이상한가!"라고는 말할 수 있을 것이다.)

324. 혹은 나는 이렇게 말해야 하는가: "그 인상은 현상이 아니다; 루트비히 비트겐슈타인이 이런 인상을 갖고 있다는 것은 하나의 현상이다"?

325. (어떤 사람이 그 인상을 말하자면 꿈처럼, 일인칭 대명사 없이, 중얼거리는 일이 상상 가능할 것이다.)

326. 관찰한다는 것은 주시하거나 바라본다는 것과 같은 것이 아니다. "이 색깔을 주시하고, 그것이 당신에게 무엇을 상기시키는지를 말하라." 색깔이 변하면, 당신은 더는 내가 뜻한 색깔을 주시하는 게 아니다.

우리들은 관찰되지 않으면 보이지 않을 것을 보기 위해서 관찰한다.

327. 우리들은 가령 이렇게 말한다: "이 색깔을 얼마간 주시하라." 그러나 이 일을 우리들은 첫눈에 보았던 것보다 더 많이 **보기** 위해서

하지 않는다.

328. "**보는** 사람들이 존재한다"라는 문장이 "심리학"에 있을 수 있을까?

자, 그것은 거짓일까? ― 그러나 여기서 어떤 것이 누구에게 전달되는가? (그리고 나는 단지 '전달되는 것은 이미 오랫동안 친숙하다'를 뜻하지 않는다.)

329. 내가 본다는 것은 나에게 친숙한가?

330. '만약 그런 사람들이 있지 않다면, **본다**는 개념도 있지 않을 것이다', 이렇게 우리들은 말하려고 할 수 있을 것이다. ― 그러나 화성인들은 그런 어떤 말을 할 수 있지 않을까? 가령 그들은 처음에 우연히 우리 중 오직 맹인들만을 알게 되었다.

331. 그리고 "눈이 먼 사람들이 존재한다"라고 말하는 것이 무의미하지 않다면, "보는 사람들이 존재한다"라고 말하는 것이 어떻게 무의미할 수 있는가?

그러나 "보는 사람들이 존재한다"란 문장의 뜻, 즉 그 문장의 가능한 사용은 아무튼 즉시 명료하지가 않다.

332. 본다는 것이 **예외**일 수는 없을까? 그러나 맹인들과 눈이 보이는 사람들 어느 쪽도, 그것을 이러저러한 것을 할 수 있는 능력으로서

가 아니면 기술할 수 없을 것이다. 그 능력에는, 예를 들면, 어떤 언어 놀이들을 할 수 있는 능력도 포함된다; 그러나 거기서 우리들은 이 언어놀이들이 어떻게 기술되는지에 주의를 기울여야 한다.

333. "보는 사람들이 존재한다"라고 하는 말에는, "그런데 '본다'란 무엇인가?"라고 하는 질문이 뒤따른다. 그리고 그것은 어떻게 대답되어야 하는가? 질문자에게 "본다"라는 낱말의 쓰임을 가르침으로써?

334. 다음과 같은 설명의 경우는 어떠할까? "당신과 나처럼 행동하고, 여기 이 사람, 맹인처럼은 행동하지 않는 사람들이 있다."

335. "당신은 차에 치이는 일 따위 없이, 눈을 뜨고 거리를 건너갈 수 있다."
전달의 논리.

336. 전달의 형식을 지닌 한 문장이 쓸모가 있다는 것으로는 아직 그것의 사용 **방식**에 관해서 아무것도 말해진 바가 없다.

337. 심리학자가 나에게, 본다는 것이 무엇인지를 전달할 수 있는가? "본다는 것이 무엇인지를 전달하다"란 무엇을 **일컫는** 것인가?
심리학자가 나에게 "본다"란 낱말의 쓰임을 가르쳐 주는 게 아니다.

338. 심리학자가 우리에게 "보는 사람들이 존재한다"라고 전달한다

면, 우리는 그에게 "그런데 당신은 무엇을 일컬어 '보는 사람들'이라고 하는 겁니까?" 하고 물을 수 있다. 이에 대한 대답은 "이러저러한 상황에서 이러저러하게 반응하는, 이러저러하게 행동하는 사람들"일 것이다. "본다"는 심리학자가 우리에게 설명하는 하나의 전문 용어일 것이다. 본다는 것은 그러면 그가 사람들에서 관찰한 어떤 것이다.

339. 우리는 본다는 것과 눈먼 상태를 구별하는 것을 배우기 전에, "나는⋯⋯본다", "그는⋯⋯본다" 등과 같은 표현들을 쓰는 것을 배운다.

340. "말을 할 수 있는 사람들이 존재한다", "나는 문장을 말할 수 있다", "나는 '문장'이란 낱말을 발음할 수 있다", "보다시피, 나는 깨어 있다", "나는 여기에 있다".

341. 어떤 상황에서 모종의 문장이 하나의 전달일 수 있는가에 관해서는 어쨌든 가르침이 존재한다. 이러한 가르침을 나는 뭐라고 불러야 하는가?

342. "나는 나나 다른 사람들이 두 눈을 뜨고, 부딪치지 않고 걸어갈 수 있다는 것과, 두 눈을 감고는 그렇게 할 수 없다는 것을 **관찰했다**"라고 말하는 것이 가능한가?

343. 나는 눈이 멀지 않았다고 내가 어떤 사람에게 전하면, 그것은 하나의 관찰인가? 나는 어쨌든 나의 행동을 통해 그에게 그것을 확신

시킬 수 있다.

344. 맹인은 나도 역시 눈이 멀었는지를 쉽게 알아낼 수 있을 것이다. 예를 들면, 그가 특정한 손짓을 하고는, 자기가 무엇을 했는지를 나에게 물음으로써 말이다.

345. 우리는 눈이 먼 부족을 상상할 수 없는가? 그 부족은 특별한 조건하에서 사는 힘을 지니고 있을 수 없을까? 그리고 눈이 보이는 사람들은 예외로서 있을 수 없을까?[45]

346. 한 맹인이 나에게 이렇게 말한다고 가정해 보자: "당신은 어딘가에서 부딪치는 일 없이 갈 수 있고, 나는 갈 수 없다" — 이 문장의 첫 부분은 뭔가 전달하는 바가 있는 것일까?

347. 자, 그것은 나에게 어떤 새로운 것도 말해 주고 있지 않다.

348. 경험 명제들의 성격을 지니지만 그것들의 진리성이 나에게는 논쟁의 여지가 없는 그런 명제들이 존재하는 것으로 보인다. 즉, 내가 그것들이 거짓이라고 가정한다면, 나는 나의 모든 판단들을 불신해야 한다.[46]

---

45 (옮긴이 주) 『쪽지』 §371 참조.
46 (옮긴이 주) 비트겐슈타인의 『확실성에 관하여』 §§83, 96, 308, 401 참조.

349. 어쨌든, 내가 통상적인 것으로 받아들이는 오류들이 있는가 하면, 그것들과는 다른 성격을 지니고 나의 나머지 판단들로부터 일시적인 **혼란**으로서 격리되어야 하는 그런 것들이 있다. 그러나 이 양자 사이에는 또한 이행 단계들이 있지 않은가?

350. 앎의 개념을 이 탐구에 끌어들이면, 그것은 아무런 쓸모도 없다; 왜냐하면 앎은 그 특별한 점들에 의해 이제 갖가지 것이 설명되는 심리학적 상태가 아니기 때문이다. 오히려(더 정확하게 말하면), '안다'라는 개념의 특별한 논리는 심리학적 상태의 논리가 아니다.

부록

Bemerkungen über die Farben

부록 1

색채들과 색채 혼합
── 『큰 타자원고 TS 213』의 §100[*] ──

이 색깔이 지금 어떤 한 장소에 있다고 말하는 것은 이 장소를 **완전히** 기술하는 것이다. ── 하나의 점에 동시에 두 색깔, 두 증기압, 두 속도, 두 전압이 자리할 수는 없다. ── 거기서 만나는 것은 이상한 조합이다. 그리고 내가 이야기하는 "점"도 상이한 의미들을 지닌다.

예를 들면 "f(x)"가 x는 지금 특정한 장소에 있다는 말이라면, "f(a)&f(b)"는 모순이다. 그러나 모순의 형식은 어쨌든 p&~p이다. 왜 나는 "f(a)&f(b)"를 모순이라고 부르는가? 그건 단지, 가령 "ffaa"가 명제가 아니듯이, "fa&fb"라는 기호는 명제가 아니라는 뜻인가? 우리의 난점은 그저, 비록 퇴화된 뜻이기는 하지만, 여기에 뜻이 있다는 느낌을 우리가 어쨌든 갖는다는 것이다(램지[1]). 내가 "&"("그

---

[*] (옮긴이 주) 이 절은 "현상학"이라는 제목 아래 함께 묶인 7개의 절들 가운데 마지막 절이다.

[1] (옮긴이 주) 램지(Frank P. Ramsey, 1903~1930): 영국 케임브리지대학의 수학자이자 철학자. C. K. 오그던의 이름으로 번역된 『논리-철학 논고』의 최초의 영어 번역에서 실질적인 역할을 했고 또 『논고』에 대한 비판적 서평을 썼다. 논문집으로 『수학의 기초』(*Foundations of Mathmatics and Other Logical Essays*, 1931)가 있다.

리고")란 낱말을 두 진술 사이에 놓으면 하나의 살아 있는 존재가 생겨나야 하고, 내가 가령 "a&f"를 썼을 때처럼 죽은 어떤 것이 생겨나서는 안 된다는 느낌. 그것은 매우 이상하고 매우 깊이 놓여 있는 느낌이다. "여기에 뜻이 있다"란 말이 무엇을 말하려고 하는지 우리들은 분명히 알아야 할 것이다.

"fa&fb"가 "a&f"처럼 무의미인지에 관한 결정을 혹자는 **다음과 같이** 내릴 수 있을 것이다: p&~(fa&fb)=p인가, 아니면 이 등식의 왼편은(그리고 따라서 그 등식은) 무의미인가? — 나는 내가 원하는 대로 결정할 수 없는가?

그 모든 것의 근저에 놓여 있는 규칙을 나는 **다음과 같이** 쓸 수 있는가: fa=(fa&~(fb))? 즉, fa로부터 ~fb가 따라 나온다.

내가 『논고』[2]를 썼을 때(그리고 그 후에도 여전히), 나는 fa=(fa&~fb)[3]는 fa가 그 어떤 다른 명제와 ~fb의 논리적 곱 — 그러니까 fa=(p&~fb) — 일 경우에만 가능하다고 믿었으며, fa(예를 들면, 색채 진술)는 그러한 논리적 곱으로 분석될 수 있을 것이라는 견해를 지니고 있었다. 그 당시에 나는 그러한 분석을 찾아내는 일을 내가 어떻게 상상하는지에 관해서는 아무런 명료한 관념을 지니고 있지 않았다. 또는 오히려: 아마 나는 올바른 문법적 사용을 모든 맥락에서 자신의 특성을 통해 표현할 (즉, 모든 **일목요연한** 표기법처럼, 자신의 규칙들을 아주 단순하게 형성하고 어떤 뜻에서 이미 자신 안에

---

2 (옮긴이 주) 『논리-철학 논고』.

3 (옮긴이 주) 원문에는 괄호가 없으나, 오늘날 일반적인 표기 방식에 따라 괄호를 쳤다. 'fa=(fa &~fb)'는 a가 지금 특정한 장소에 있다는 것(fa)이 그로부터 b가 그것에 있지 않다는 것(~fb)이 따라 나온다는 것과 같다는 말이다.

지닌) 기호의 구성을 생각했을 것이다. 그러나 나는, 명제 f(a)의 이러한 변형이 어떤 논리적 곱으로 그 명제가 대체됨에 있어야 한다면, 이 곱의 요소들은 독립적이고 이미 알려진 뜻을 지녀야 할 것이라는 점을 간과했다.

  그리고 나서 내가 색채 진술의 그러한 분석을 수행하려고 했을 때, 내가 그 분석으로 상상했던 것이 무엇이었는지가 드러났다. 나는 색채 진술을, 그 개별적 구성 요소들이 색채(물감이 아니라 색깔)의 구성 성분들(여럿이 있다면)을 진술하는 하나의 논리적 곱 r&s&t… 로 파악할 수 있다고 믿었다. 그다음에는 '이것이 **모든** 구성 성분이다'라는 말도 당연히 해야 하는데, 이 종결하는 소견은 r&s&t&S가 r&s&t&u&S와 모순이 되는 결과를 초래한다. 그러면 그 색채 진술은 다음과 같은 말이 된다: "지금 이 장소에는 이 색깔들(혹은 이 색깔)이 있고 **그 밖의 색은 없다.**" 즉: 우리의 통상적인 표현 방식에서 "이것은(혹은 여기는) 붉다"라고 하는 색채 진술은 이제 "여기는 붉고 그 밖의 다른 색은 없다"라는 내용이 되어야 할 것이다; 한편 "여기는 붉으면서 파랗다"라고 하는 진술은 이 장소의 색깔이 빨강과 파랑의 혼합색이라는 것을 의미해야 할 것이다. 그 명제들(색채 진술들)은 거기서 다음과 같은 형식을 취했을 것이다: "이 색깔에는 빨강이 포함되어 있다", "이 색깔에는 **오직** 빨강만 포함되어 있다", "이 색깔에는 오직 빨강과 파랑만 포함되어 있다" 등등. ― 그러나 이것은 올바른 문법을 제시하지 않는다: 다른 그 어떤 색조 없이 붉은 색조가 현존함은 이 장소가 순수하게 붉은 색깔을 지님을 의미해야 할 것이다; 이것은 우리에게 무의미해 보이는데, 그 잘못은 **다음과 같이**

해명된다. 즉, 이 붉은 색조의 본질에는(문법에는), 그 색조의 더 많음 또는 더 적음이 가능하다는 점이 포함되어 있어야 한다; 붉은빛을 띤 파랑은 순수한 빨강에 더 가깝거나 덜 가깝게 있을 수 있고, 그런 뜻에서 더 많거나 더 적은 빨강을 포함할 수 있다. 여기에 빨강이 한 색깔의 구성 성분으로서 현존한다고 진술하는 명제는 그러니까 빨강의 양을 어떻게든 **진술**해야 할 것이다; 그러나 그렇다면 이 명제는 논리적 곱의 밖에서도 뜻을 지녀야 하고, 따라서 이 장소가 순수하게 붉은 색깔을 지니고 있으며 이러이러한 양의 빨강을 **포함한다**고 말하는 것이 뜻을 지녀야 할 터인데, 그것은 아무런 뜻이 없다. 그리고 한 장소에 빨강의 상이한 양이나 등급을 부여하는 개별 명제들의 경우에는 사정이 어떠한가? 그러한 두 명제를 q_1r과 q_2r이라고 부르자: 이것들은 서로 모순되어야 하는가? q_2가 q_1보다 크다고 가정한다면, 우리는 $q_2r \& q_1r$이 ("오직"이란 말이 없을 때, "이 바구니에 사과 네 개가 있다"와 "이 바구니에 사과 세 개가 있다"란 명제들처럼) 모순이어서는 안 된다고 결정할 수 있을 터이지만, 그러면 q_2r과 $\sim q_1r$은 서로 모순되어야 한다; 그리고 따라서, 나의 예전 견해에 따르면, q_2r은 q_1r과 다른 한 명제의 논리적 곱이어야 할 것이다. 이 다른 명제는 q_1과 q_2 사이의 차이를 진술해야 할 터이고, 따라서 그 명제에 대해서는 동일한 난점이 성립할 것이다. — "색깔들"로 색소들을 이해하지 않는다면, 색채 혼합의 경우에 구성 성분들의 도식은 맞지가 **않다**. 그리고 이 도식에서도, 사용된 성분의 분량에 관한 상이한 진술들은 모순되는 진술들이다; 또는 내가 p(=나는 3킬로그램의 소금을 사용했다)와 q(=나는 5킬로그램의 소금을 사용했다)는 서로 모순되지 않아야 한다고 결정한다면, 그럼에도 불구하고 q와 ~p는 서로 모순된다. 그리고 그 모든 것의 결과는, "나는 2킬로그램의 소금을 사용했다"라는 문장은 "나는 1킬로그램의 소금을 사용했고 나는 1킬로그램의 소금을 사용했다"를 뜻하지 않으며, 따라서 f(1+1)은 f(1)&f(1)과 같지 않다는 것이 된다.

우리가 아는 것은, 우리는 말하자면 고립된 눈금들과 관계하는 것이 아니라 척도들과 관계한다는 것이다.

"어떤 한 시각에 어떤 한 장소에는 오직 **한** 색깔만이 자리한다"라고 하는 명제는 물론 위장된 문법적 명제이다. 그것의 부정은 모순이 아니지만, 우리가 받아들이는 문법의 규칙과 **모순된다.**

내가 참(T)-거짓(F) 표기법을 통해 묘사한 "그리고", "또는", "아니다" 등에 관한 규칙들은 이들 낱말들의 문법의 **일부**이지만, **전체**는 아니다.

예를 들면, 한 반점이 동시에 밝은 빨강이면서 어두운 빨강(암적색)이라고 내가 말한다면, 그때 나는 한 색조가 다른 한 색조를 덮는다고 생각한다.
그러나 그렇다면 그 반점이 눈에 보이지 않는, 감춰진 색깔들을 지니고 있다고 말하는 것이 여전히 뜻을 지니는가?
완전히 검은 어떤 표면이 하얗다, 다만 그 하양은 검정에 의해 덮여 있기 때문에 보이지 않는다고 말하는 것이 도대체 뜻을 지니는가? 그리고 왜 그 검정이 그 하양을 덮고, 그 하양이 그 검정을 덮지 않는가?

한 반점이 눈에 보이는 색깔과 눈에 보이지 않는 색깔을 지닌다면, 그 반점은 이 두 색깔을 어쨌든 아주 상이한 뜻으로 지닌다.

"빨강과 초록은 동일한 장소에 동시에 함께 하지 않는다"는 그것들이 사실상 결코 함께 있지 않다는 말이 아니라, 그것들이 동일한 장소에 동시에 있다고 말하는 것은 무의미하며, 따라서 그것들이 동일한 장소에 결코 동시에 있지 않다고 말하는 것도 역시 무의미하다는 말이다.

파랑과 빨강의 혼합색(혹은 더 낫게는, 중간색)이 그러한 색인 것은 빨강과 파랑의 구조에 대한 내적 관계에 의해서이다. 더 올바르게 표현하자면, 우리가 "빨강과 파랑의 중간색"(혹은 "적청")이라고 부르는 것은 "파랑", "빨강", "적청"이란 낱말들의 문법에서 드러나는 근친성 때문에 그리 불리는 것이다. (구조들의 내적 관계에 관해 이야기하는 명제는 이미 올바르지 않은 관념에서 유래한다. 즉, "빨강", "파랑" 등의 개념에서 복잡한 구조들 — 그 내적 구성을 분석이 보여주어야 하는 — 을 보는 **그** 관념에서 말이다.) 그러나 순수한 색들과 그것들의 중간색의 근친성은 **기초적인** 종류이다. 즉, 그 근친성은 한 대상에 적청색을 부여하는 명제가 그 대상에 빨강과 파랑이란 색깔들을 부여하는 명제들로 이루어져 있다는 데 있지 않다. 그리고 그렇게 또한 예컨대 붉은빛을 띤 파랑의 상이한 등급들의 근친성도 기초적인 근친성이다.

어떤 색상에 대해, 그것이 순수하게 붉지가 않고, 노란빛이나 파란 빛이나 흰빛이나 검은빛을 띤 기색이 있다고 말하는 것은 뜻을 지닌 다; 그리고 그것이 이런 기색이 없고 순수하게 붉다고 말하는 것도 뜻 을 지닌다. 이런 뜻에서 우리들은 순수한 파랑, 노랑, 초록, 하양, 검정 에 대해 이야기할 수 있지만, 순수한 주황이나 회색, 혹은 붉은빛을 띤 파랑에 대해서는 이야기할 수 없다. (그런데 "순수한 회색"은, 그 것으로 초록빛을 띠지 않은, 노란빛을 띠지 않은 등등의 흑–백을 뜻 하는 한에서는 이야기될 수 있으며, 비슷한 점이 "순수한 주황" 등에 대해서도 성립한다.) 즉, 색상환에는 네 개의 두드러진 점이 있다. 왜냐하면 "이 주황은 (색상환의 평면이 아니라 **색채 공간**에서) 저 주 황보다 빨강에 더 가까이 있다"라고 말하는 것은 뜻을 지니지만, 같 은 것을 말하기 위해 우리가 "이 주황은 저 주황보다 적청에 더 가까 이 있다"거나 "이 주황은 저 주황보다 파랑에 더 가까이 있다"라고는 말할 수 없기 때문이다.

회전 색 원반은 여기서 이야기되고 있는 색채 혼합을 산출하지만, 그것이 그저 정지해 있다가 그다음 재빨리 회전하는 것을 내가 본다 면, 그것은 또한 색채 혼합을 산출하지 않는다. 왜냐하면 회전 원반 이 정지 상태에서는 반은 빨강이고 반은 노랑인데, 그것이 (그 어떤 원인에서건) 빨리 회전할 때는 초록으로 나타나는 일이 생각될 수 있을 것이기 때문이다. 회전 색 원반은 오히려, 우리가 혼합을 시각 적으로 혼합으로 지각할 수 있는 한에서만 혼합을 산출한다. 즉, 그것이 점차로 더 빠르게 회전하고, 빨강과 노랑에서 어떻게 주황이 나오는지를 우리가 **본다면** 말이다. 그러나 거기서 우리는 회전 색 원반에 휘둘리지 않는다; 오히려 그 어떤 알려지지 않은 영향 때문에 회전 원반이 점점 더 빠르게 돌 때, 그 원판의 색이 흰빛을 띤 것으로 이행한다면, 이제 우리는 빨강과 노랑의 중간색이 흰빛을 띤 주황이라고는 말하지 않을 것이다. 마치, 세 개의 사과와 네 개의 사과를 한데 모아 두었을 때 사과 하나가 알려지지 않은 방식으로 사라지고 여섯 개의 사과가 우리 앞에 놓여 있을 경우, 우리가 3+4는 6이라고 말하지 않을 터이듯이 말이다. 여기서 나는 회전 색 원반을 실험용이 아니라 계산용으로 사용하고 있는 것이다.

색상환에서 일어나는 색에서 색으로의 이행 외에, 다른 특정한 이행이 하나 더 존재하는 것으로 보인다. 그것은 한 작은 색 반점이 다른 한 색 반점과 섞이는 것을 볼 때 우리 앞에 나타나는 이행이다. 여기서 나는 물론 **눈에 보이는** 이행을 뜻하고 있다.

그리고 이런 종류의 이행은 "혼합"이란 말에 색상환에서의 중간과 부합하지 않는 새로운 의미를 준다.

그것은 이렇게 기술될 수 있을 것이다: 나는 주황색 반점을 작은 붉은 반점과 노란 반점을 섞음으로써 생기는 것으로 볼 수 있는 데 반해서, 붉은 반점은 보라색 반점과 주황색 반점을 섞음으로써 생기지 않는 것으로 생각할 수 있다. ─ 이런 뜻에서 회색은 검정과 하양의 혼합이며, 분홍은 빨강과 하양의 혼합이지만, 하양은 분홍과 흰빛을 띤 초록의 혼합이 아니다.

자, 그러나 내가 뜻하는 것은, 모종의 색깔들이 다른 색깔들로부터 그렇게 생겨난다는 것이 혼합 실험을 통해 규명된다는 것이 아니다. 나는 가령 회전하는 색 원판을 가지고 실험을 해 볼 수 있을 것이다. 그러면 그것은 성공할 수도, 성공하지 않을 수도 있다. 그러나 이는 문제의 시각적 과정이 이런 물리적 방식으로 산출될 수 있는지 없는지 만을 보여 줄 뿐, 그 과정이 가능한지는 보여 주지 않는다. 어떤 표면의 물리적 구분이 시각적 분할 가능성을 증명하거나 반박할 수 없는 것과 정확히 마찬가지로 말이다. 왜냐하면, 내가 물리적 구분을 더는 시각적 구분으로 보지 않지만, 취한 상태에서는 그 나눠지지 않은 표면을 나눠진 것으로 본다고 가정한다면, ― 그 시각적 표면은 나눠질 수 없었는가?

보라와 주황은 혼합될 적에 부분적으로 서로를 죽이지만, 빨강과 노랑은 그렇지 않다고 말할 수 있을 것이다.

비록 노랑이 색상환에서 빨강과 초록 사이에 있기는 하지만, 노랑이 빨강과 초록의 혼합은 아니라는 뜻에서 주황은 어쨌든 빨강과 노랑의 혼합이다.

그리고 만일 그것이 명백히 무의미하다면, 그것은 어느 곳에서 뜻을 지니기 시작하느냐 하는 물음이 제기된다; 즉, 내가 이제 색상환에서 빨강과 초록으로부터 노랑에 더 가까이 옮겨 가고, 노랑을 문제의 두 색의 혼합이라고 부른다면 말이다.

요컨대 나는 노랑에서 빨강과 초록에 대한 근친성, 즉 붉은빛을 띤 노랑과 초록빛을 띤 노랑에의 가능성을 인식한다 ― 그럼에도 불구하고 그때 나는, 내가 빨강과 노랑을 주황의 구성 요소로 인식한다는 뜻으로 초록과 빨강을 노랑의 구성 요소로 인식하지 않는다.

하양이 분홍과 초록빛을 띤 하양 사이에 있는 것처럼, 나는 단지 그런 뜻으로 빨강은 보라와 주황 사이에 있다고 말하고 싶다. 그러나 이런 뜻으로는 모든 색이 저 두 다른 색깔들 사이에, 혹은 어쨌든 제3의 색으로부터 독립적인 길들을 거쳐 도달할 수 있는 그런 두 색깔들 사이에 있지 않은가?

이런 뜻에서 하나의 색은 그저 두 가지 다른 색깔 사이에 주어진 하나의 연속적 이행 단계에 놓여 있다고 말할 수 있는가? 그러니까, 가령 파랑은 빨강과 검정 사이에 있다고 말이다.

한 반점의 색깔이 보라와 빨강 사이에 있다는 말을 듣는다면, 나는 그 말을 이해하고, 주어진 것보다 더 붉은빛을 띤 보라색을 상상할 수 있을 것이다. 이제 내가, 그 색은 이 보라색과 한 주황색 사이에 있다는 말을 듣는다면, 나는 기껏해야, 여기서도 더 붉은빛을 띤 한 보라색이 뜻해졌지만, 또한 더 붉은빛을 띤 한 주황색이 뜻해졌을 수도 있다고 생각할 수 있다. 왜냐하면 주어진 색상환과 별도로 두 색깔의 **중간**에 놓여 있는 색은 존재하지 않기 때문이다. 그리고 바로 이런 근거에서, 그 하나의 한계를 형성하는 주황색이 이미 너무 노란색에 가까이 놓여 있어 보라색과 더 혼합될 수 없는 지점이 어디인지도 나는 말할 수 없다; 나는 색상환에서 어느 주황이 보라에서 45도 떨어

져 있는지를 정말 인식할 수 없다. 혼합색이 사이에 놓여 있다는 것은
바로 여기서는 빨강이 파랑과 노랑 사이에 놓여 있다는 것과 하나도
다르지 않다.

내가 빨강과 노랑은 주황을 낳는다고 통상적인 뜻으로 말한다면,
여기서 구성 요소들의 **양**은 이야기되고 있지 않다. 따라서 어떤 주황
색이 주어져 있다면, 비록 더 붉은 주황에 관해 말하는 것이 물론 뜻
을 지니기는 하지만, 나는 한층 **더 많은** 빨강이 그것을 더 붉은 주황으
로 만들 거라고는 말할 수 없다(나는 물감에 관해 이야기하고 있지
않다). 그러나 예를 들어, 이 주황과 이 보라는 같은 만큼의 빨강을
포함한다고 말하는 것은 아무런 뜻이 없다. 그리고 **빨강**은 얼마만큼
의 빨강을 포함할까?

두 개의 무게 추(錘)가 하나의 척도상에 있으면서 내가 그 두 추의
증가나 이동을 통해 그 무게 중심을 임의로 옮길 수 있는 어떤 한 체계
와 하나의 색채 열을 비교하는 것은 잘못된 방식으로 행해지는 경향
이 있는 비교이다.

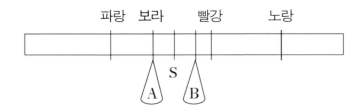

이제 내가 접시 A를 보라에 붙들어 두고 B를 빨강-노랑의 영역

안으로 밀어 옮긴다면, S가 빨강 쪽으로 움직일 것이라고 믿는 것은 난센스이다.

그리고 내가 그 두 접시에 놓는 무게 추들은 어떤가? 내가 물감에 관해 말하고 있지 않다면, "이 빨강을 **더 많이**"라고 말하는 것이 도대체 무엇인가를 뜻하는가? 그것은 내가 순수한 빨강으로 이전에 가정된 특정한 수의 단위들을 이해하는 경우에만 무엇인가를 뜻할 수 있다. 그러나 그렇다면 이 단위들이 꽉 찬 수는, 저울의 접시가 **빨강**에 멈춰 선다는 것 외에 아무것도 의미하지 않는다. 그러므로 그 비례수로는 다시 접시의 장소만이 제시되지, 장소와 무게 추는 제시되지 않는다.

이제 내가 나의 두 한계 색깔을 지닌 색상환에서 — 예컨대 파랑과 빨강의 구역에서 — 더 붉은 색을 빨강 쪽으로 옮기는 한, 나는 그 결과로 나온 색도 빨강 쪽으로 움직인다고 말할 수 있다. 그러나 내가 그 한 한계 색깔을 가지고 빨강을 넘어 노랑 쪽으로 움직인다면, 그 결과로 생기는 색깔들은 이제 더 붉어지지 않는다! 노란빛을 띤 빨강과 보라의 혼합은 보라를 순수한 빨강과 보라의 혼합보다 더 붉게 만들지 않는다. 그 한 빨강이 이제 더 노랗게 되었다는 것은 빨강에서 무엇인가를 빼내는 것이지, 빨강을 더하는 것이 아니다.

그것은 또한 다음과 같이 기술될 수 있을 것이다: 만일 내가 보라색 물감이 든 통 하나와 주황색 물감이 든 통 하나를 갖고 있는데 이제 혼합에 섞는 주황의 양을 증대하면, 그 혼합색은 점차 보라에서 주황으로 이행할 것이지만, 순수한 빨강으로 이행하지는 않을 것이다.

주황의 서로 다른 두 색조에 대해, 나는 그 어느 것에 관해서도 그것이 노랑보다 빨강에 더 가까이 있다고 말할 근거가 없다고 말할 수 있다. ─ 여기서는 "중간에 있는" 것이 없다. ─ 이에 반해 나는 서로 다른 두 빨강을 보면서, 그중 하나가 순수한 빨강인지, 그리고 어느 것이 순수한 빨강인지 의심을 할 수 없다. 순수한 빨강은 단순히 하나의 점이지만, 노랑과 빨강의 중간은 그렇지 않다.

주황에 대해 "그것은 거의 노랑이다, 그러니까 그것은 '빨강보다 노랑에 더 가까이' 있다"라고 말할 수 있고, 또 이와 유사한 말을 거의 붉은 주황에 대해 말할 수 있다는 것은 참이다. 그러나 이로부터 빨강과 노랑 사이의 한 점이라는 뜻으로 이제 하나의 중간이 또한 있어야 한다는 것이 따라 나오지는 않는다. 여기서 사정은 유클리드 기하학과 비교되는 시각 공간의 기하학에서와 전적으로 같다. 여기엔 우리의 유리수로 묘사되는 양들과는 다른 종류의 양들이 존재한다. 더 가깝고 더 멀다는 개념들은 여기서는 전혀 사용될 수 없거나, 혹은 우리가 이 말들을 적용한다면 우리를 오도한다.

또한: 어떤 색이 빨강과 파랑 사이에 있다고 말하는 것은 그 색을 명확하게 (일의적으로) 규정하지 않는다. 그러나 순수한 색들은, 그것들이 모종의 혼합색들 사이에 있다는 진술을 통해 **일의적으로** 규정되어야 할 것이다. 그러므로 여기서 "사이에 있다"란 말은 첫 번째 경우와는 **다른** 어떤 것을 의미한다. 즉: "사이에 있다"란 표현이 한번은 두 가지 단순한 색의 혼합을 지칭하고, 다른 한번은 두 혼합색에

공통적인 단순한 구성 요소들을 지칭한다면, 그 표현이 적용되어야 하는 것의 다수성은 각각의 경우에 다른 것이다. 그리고 이는 근본적인 차이가 **아니다**; 오히려 완전히 다른 두 개의 범주가 다루어지고 있다는 것에 대한 하나의 표현이다.

우리는 어떤 색이 녹황과 청홍 사이에 있을 수 없다는 말을 빨강과 노랑 사이의 경우와 같은 뜻으로 한다. 그러나 우리가 그런 말을 할 수 있는 것은 단지, 우리가 이런(후자의) 경우에 45도의 각도를 구별할 수 있기 때문이다; 우리가 노랑과 빨강의 **점들**을 보기 때문이다. 그러나 바로 이런 구별이 다른(전자의) 경우에는 — 혼합색을 기본색으로 받아들이는 경우에는 — 존재하지 않는다. 여기서 우리는 그러니까 말하자면 그 혼합이 여전히 가능한지 혹은 가능하지 않은지를 결코 확신할 수 없을 것이다. 물론 나는 임의의 혼합색들을 골라, 그것들이 45도 각도를 둘러싼다고 규정할 수 있을 것이나, 이는 전적으로 자의적일 것이다. 이에 반해, 첫 번째 뜻으로는 청홍색과 녹황색의 혼합이 존재하지 않는다고 말한다면, 그것은 자의적이지 않다.

그 한 경우에는 그러니까 "45도의 각도"가 문법에 의해 주어지는데, 이제 우리들은 그것을 단지 이등분하고, 가장 가까운 절단 부분을 45도의 다른 한 절단 부분을 얻기 위해 똑같이 이등분하기만 하면 된다고 잘못 믿는다. 그러나 여기서 바로 각도의 **비유**는 허물어진다.

물론, 우리들은 또한 모든 색조를 일직선상에 배치할 수 있다; 가령, 흔히 행해지듯이, 검정과 하양을 한계로 해서 말이다. 그러나 그렇다면 어떤 이행들은 바로 규칙들을 통해 배제되어야 하고, 결국 그 직선 위에서의 그림은 정팔면체 위에서와 같은 종류의 위상학적 연관을 얻어야 한다. 이것은 일상적 언어와 "논리적으로 정화된" 표현 방식의 관계와 전적으로 유사하다. 양자는 서로 완전히 등가적이다; 다만, 그 하나는 이미 외적 현상들을 통해 문법의 규칙들을 표현한다.

나에게 서로 가까이 있는 두 가지 색조 — 가령 붉은빛을 띤 색조 — 가 주어져 있다면, 그 둘이 빨강과 파랑 사이에 있는지, 그 둘이 빨강과 노랑 사이에 있는지, 혹은 그 하나는 빨강과 파랑 사이에 있고 다른 하나는 빨강과 노랑 사이에 있는지에 관해서 의심하는 것은 불가능하다. 그리고 이러한 결정으로 우리는 또한 그 양자가 파랑과 혼합되는지, 혹은 노랑과 혼합되는지, 혹은 그 하나는 파랑과, 그리고 다른 하나는 노랑과 혼합되는지도 결정했다. 그리고 이는, 우리가 물감 일반을 색깔에 따라 구별할 수 있는 한, 색조들이 서로 아무리 가까이 놓인다고 해도 성립한다.

[추가]⁴
문제는 이러하다: 견본은 보색을 나타낸다는 규칙이 그 본질상 오직 파랑, 빨강, 초록, 노랑이라는 색깔들(또는 낱말들)에만 관계한다면, 그것은 초록 기호는 "빨강"에 대한 낱말로, 그리고 역으로 붉은 기

---

4 (옮긴이 주) 『큰 타자원고 TS 213』 §13의 51-52에 있는 부분으로, 여백에 §100 혼합색 개념으로 이동하라고 표시되어 있다. 또한 §100의 시작 부분에도 이와 관련한 표시가 있다.

호는 "초록"에 대한 낱말로 등등 확정하는 규칙과 일치하지 않는가? 왜냐하면 어떤 한 논리적 곱과 본질상 동등한 일반성은 그 논리적 곱과 다른 것이 아니기 때문이다. (왜냐하면 우리들은 이렇게 말할 수 없기 때문이다: "여기에 초록색 기호가 있다. 이제 나에게 보색을 지닌 것을 가져오라, **그게 어떤 것이건 간에 말이다.**" 즉, "**빨강의 보색**"은 초록의 기술이 아니다; 2와 2의 곱이 4의 기술이 아니듯이 말이다.)

보색들을 견본 표 딱지들의 의미로 받아들여야 한다는 규정은 그렇

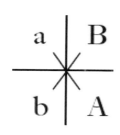

다면 표에 있는 교차선, 색채의 문법에 그어진 교차선이다. 내가 그러한 규칙의 도움으로 어떤 한 표를 여전히 문법에서 벗어남이 없이, 그러니까 언어의 일체의 적용에 앞섬이 없이 구성할 수 있다는 것은 분명하다. 만일 규칙(R)이 '표 딱지들은 언제나

그 자신의 색조보다 좀 더 어두운 색조를 의미한다'라고 한다면, 사정은 다를 것이다. 우리들은 그저 다시 색채 투사와 형태 투사의 상이한 뜻에 유의해야 한다. (그리고 후자의 경우 다시 시각적 기준들에 따른 모사와 측정 기구를 가지고 하는 전사(轉寫)의 차이에 유의해야 한다.) 규칙 R에 따른 복사는 같은 색조의 생산이 그렇게 불리는 뜻과는 다른 뜻에서 "복사"이다. 그러므로 내가 컴퍼스와 자를 가지고 어떤 한 기하학적 도형을 다른 한 도형으로 투사할 수 있는 두 가지 투사 방식 — 가령 평행투영과 원근투영에 비교될 수 있는 — 은 문제가 되지 않는다. (색조들의 운율학.)

그것을 고려한다면, 나는 그러니까 "견본이란 낱말의 상이한 뜻

("복사"란 낱말의 변화된 뜻에 상응하는)에서 더 밝은 표 딱지를 더 어두운 대상의 견본으로 취할 수 있다.

부록 2_ 제I부와 제III부의 대조표[*]

제I부	제III부	제I부	제III부
1	131	14	42aE
2	132b	15	44,45
3	35	16	55A
4	36a+c	17	76A,78
5	160	18	*76E,* 181
6	158a	19	150,172
7	158b	20	173a
8	*34	21	94a+bA
9	*27	22	188
10	162	23	187
11	163	24	181,182
12		25	184a+b
13	*128	26	185

---

[*] 이 대조표는 Rothhaupt, J. G. F., *Farbthemen in Wittgensteins Gesamtnachlass*' Beltz Athenäum: Weinheim, 1996, 448쪽의 표를 참조해 작성했다.

제I부	제III부	제I부	제III부
27	*87,*88	49	245
28	*185	50	246
29	*200	51	229A
30	192	52	*210
31	175E	53	248
32	19	54	241A
33	*51,*241	55	156b+c
34	216E	56	251
35		57	261
36	224a	58	263
37	226	59	265
38	225	60	266,267
39	221	61	268
40	222	62	264
41	223A	63	117
42	227	64	271,277
43	236A	65	275
44	237	66	154
45	*242A	67	157A
46	242b	68	102,103
47	243	69	109
48	239E	70	125a

제I부	제III부	제I부	제III부
71	125b	80	
72	126	81	279A
73	90	82	
74	91	83	
75	118,119	84	283A
76		85	
77	120a+c	86	328a+b
78	129a	87	331
79	168	88	338

해제

색채의 논리/문법에 대한 비트겐슈타인의 고찰[*]

1. 일찍이 괴테가 자신의 문학작품들보다 더 불멸의 업적으로 여겼다는 그의 『색채론』의 서론에는, 색채가 철학자에게 제기하는 문제들의 매력과 위험(까다로움)을 동시에 암시하는 이런 말이 인용되어 있다: "황소는 붉은 천을 갖다 대면 사납게 날뛰지만, 철학자는 색채라는 말만 들어도 미치기 시작한다."[1] 그러나 오늘날 일반적으로 과학자라고 불리게 된 '자연철학자'를 빼고 나면, 실제로 색채 문제에 대해 관심을 보였다고 할 수 있는 철학자는 — 괴테 이후까지 포함해도 — 헤겔이나 쇼펜하우어, 그리고 비트겐슈타인 정도였다고 할 수 있다. 그중에서도 색채 문제에 대해 어떤 의미에서 정말로 '미쳤다'고까지 할 수 있을 만큼 심혈을 기울인 철학자는 (『색채론』의 괴테를 제외하면) 아마 비트겐슈타인이 유일할 것이다. 그 문제는 그의 전기 철학의 기본 틀을 무너뜨리는 핵심적 단초가 되었고, 그 이후 말년까지 그가 완전한 명료성을 획득하기 어려워한 문제 중 하나였다.[2]

---

[*] 이 글은 『철학』 135집(2018) 75-99쪽에 게재된 옮긴이의 논문이다. 일부 문구들을 다듬었고, 각주 24번에 한 문장을 추가했다.

[1] 괴테(2003), 42쪽.

[2] 그는 색채 고찰의 어려움을 이렇게 표현했다: "…… 여기(예를 들어, 색채들을 고

비트겐슈타인은 말년에 그의 사후 "색채에 관한 소견들"이란 제목의 책(이하 『색채』로 약칭함)으로 엮여 나온 소견들을 남겼다. 그러나 사실 이것은 색채에 관한 그의 마지막 소견들을 묶어 낸 것일 뿐, 그는 『논리–철학 논고』(이하 '『논고』'로 약칭) 이래 꾸준히 색채와 관련된 철학적 문제들을 고찰해 왔었다.[3] 『색채』는 다만 색채에 관한 그의 그때까지의 고찰이 대부분 다른 문제들을 고찰하는 가운데 섞인 채로 일부의 자리를 차지하고 있었는 데 반해, 그동안의 생각들을 바탕으로 온전히 색채의 문제에 집중하고 있다고 할 수 있는 점에서 더 눈에 띈다고 할 수 있을 뿐이다.[4]

비트겐슈타인은 왜 색채 문제에 대해 그렇게 꾸준히 관심을 보였는가? 그의 관심은 뉴턴이나 심리학자들처럼 물리학적이거나 심리학적인 것이 아니었고, 그렇다고 괴테처럼 '현상학적인' 것도 아니었다. (한때 비트겐슈타인은 자신이 관심 가지는 색채 문제들을 '현상학적'이라고 표현했지만, 그 문제들은 결국 감각 체험의 직접적 기술로 이해되는 현상학 — 그에 의하면, "과학과 논리학 사이의 한 중간

찰할 때)에는 개념들에서 그 어떤 질서를 만들 수 없는 무능력만이 있을 뿐 ······ 우리는 마치 새로 칠해진 마구간 문 앞에 선 황소처럼 거기 서 있다."(BF I §12) (인용 문헌의 약호들에 대해서는 참고문헌 참조.)

3　비트겐슈타인의 유고 전체에서 색채 고찰들이 나타나고 있는 곳들은 Rothhaupt (1996)에 일목요연하게 정리되어 있다.

4　그가 말년에 색채 문제에 대해 집중된 소견들을 남기게 된 데에는 그가 괴테의 『색채론』을 1940년대 후반쯤에 다시 읽고 받은 자극이 일정 정도 기여했다고 할 수 있다. 그가 1948년에 남긴 다음의 소견은 괴테뿐 아니라 그 자신의 열정에 대한 언급으로도 읽힐 수 있을 것이다: "색깔들은 철학함에 이르도록 자극한다. 아마도 이것이 색채론에 대한 괴테의 열정을 설명해 줄 것이다. 색깔들은 우리에게 하나의 수수께끼를—우리를 격앙시키는 것이 아니라 자극하는 수수께끼를—부과하는 듯 보인다."(CV 143쪽)

물"(BF Ⅱ §3) ― 에 의해 해결되지 않는다고 보게 된다.) 철학자로서의 그의 관심은 어디까지나 색채 개념들의 논리 혹은 문법의 측면에 있었다. 그리고 이 점은 이미 『논고』에서부터 분명했다.

『논고』에서 비트겐슈타인은 색깔(채색성)을 공간, 시간과 더불어 '대상들의 형식들'(2.0251)로 보았다. 그리고 시야 속에 있는 어떤 반점(또는 장소)은 이른바 '색깔 공간'(2.0131) 안에 있다. 이 공간 안에 있는 것으로서 그것은 특정한 색을 지녀야 할 필요는 없지만, 어떤 색인가는 반드시 지녀야 한다. 그러나 그것이 어떤 두 색깔을 동시에 지니는 일은 "색의 논리적 구조에 의해 배제"(6.3751)된다. 그런 일은 논리적으로 불가능하며, 따라서 "시야 속의 한 점이 동시에 상이한 두 색깔을 지닌다는 진술은 모순이다"(같은 곳).

그러나 주지하다시피, 『논고』체계 내에서 '색깔 배제'에 대한 이러한 비트겐슈타인의 언급은 논리에 대한 그의 생각과 충돌을 일으킨다. 그리고 이러한 문제는 급기야 그가 『논고』의 체계를 해체하고 더 풍부한 사유 체계로 나아가게 되는 하나의 중요한 계기가 된다. 그러므로 색채 문제는 단순히 그가 관심 가졌던 문제들 중 하나에 그치지 않고, 그의 철학 발전과 관련해서 중요한 의의를 지니는 것으로서, 충분히 주목해 보아야 할 필요가 있는 문제이다.[5] 게다가 이 문제에 대한 그의 고찰들은 그의 철학적 전환이 이루어지면서 멈추지 않고, 전환 이후에 이 새로운 관점에서 그의 말년에 이르기까지 계속 이루어졌다. 그의 고찰은 색채

---

5 가령 그의 후기 철학의 중요 개념인 '일목요연함'도 색채 문제를 다루는 과정에서 처음 등장한다. 그리고 (VW 머리말 p.36에 따르면) 그의 출판된 글에서 일목요연한 묘사의 명백한 예는 색채 문제와 관련해서 제시되었던 색 팔면체 도형이 유일하다.

개념이 논리적으로 같은 종류가 아니라는 깨달음과 함께, 색채에 일반적으로(무차별적으로) 적용되는 논리에 한정되었던 탐구에서부터 색채 개념과 관련된 다양한 문법적 고찰로 나아간다.

　이 글은 이른바 색깔 배제가 제기하는 논리적 문제에서 시작하여, 이 문제를 해결하려는 비트겐슈타인의 이른바 중기의 '현상학적' 시도와 포기, 그리고 그가 최종적으로 『색채』에 이르러 도달한 색채의 문법에 대한 생각들을 조명해 보려 한다. 이러한 시도는 그동안 물론 부분적으로 없지 않았다.[6] 그러나 내가 보기에 그의 생각의 핵심은 아직도 그리 명료하고 충분하게 밝혀져 있지는 않다. 나는 특히 그의 탐구가 논리적인 것에서 문법적인 것으로 전환하는 과정과 그 후 그 문법에 (여전히) 남아 있는 논리적 성격을 유의해서 볼 것이다.

　2. 시야 속의 한 점이 동시에 상이한 두 색깔을 지닐 수 없다는 말은 당연하지만, 『논고』의 체계 내에서 그것이 문제를 일으킨다는 점은 F. 램지에 의해 처음 지적되었다. 비트겐슈타인은 시야 속의 한 점을 가리켜 '이것은 붉으면서 동시에 파랗다'라고 하는 것은 "색의 논리적 구조에 의해 배제"되는 논리적 불가능성, 즉 모순이라고 말했다(6.3751). 그러나 램지에 의하면 이는 "빨강, 파랑이라는 외관상 단순한 개념들이 (…) 실제로는 복합적이고 형식적으로 양립 불가능하다는 것을 함축한다."[7] 왜냐하면 『논고』에서 이른바 요소 명제들

6　Westphal(1987), 이승종(1996), 박병철(1998), McGinn(1991, 2004), Harre & Tissaw(2005) 13장, Engelmann(2013) 1장 등.

7　Ramsey(1923), p.473.

은 서로 모순될 수 없으므로, 어떤 한 점 a가 붉으면서 동시에 파랗다는 것이 모순이라면, 'a가 붉다'와 'a가 파랗다'는 (외관상 단순해 보이지만) 요소 명제가 될 수 없고, 더 분석될 수 있어야 하는 어떤 것이 되어야 한다는 것이다. 물론 비트겐슈타인도 이렇게 보았지만, 문제는 그것이 실제로 어떻게 분석될 수 있느냐, 그 분석이 과연 『논고』의 진리 함수적 논리의 관점에서 그 두 명제의 논리곱이 모순 — 그러니까 그 부정은 동어반복 — 이 된다는 점을 보여 주는 데까지 이를 수 있느냐 하는 것이다. 그리고 이는 색깔 배제에 관계된 필연성이 『논고』에서 비트겐슈타인이 유일하게 인정한 논리적 필연성, 즉 진리 함수적 동어 반복이 되느냐 하는 의문을 내포하는 것이다.

『논고』에서 비트겐슈타인은 상이한 색깔 배제의 필연성은 논리적 필연성이라고 믿었지만, 그것을 실제로 보여 주는 일은 '논리의 적용', 즉 '논리와 접'하기는 하지만 '논리가 선취해 낼 수는' 없는 문제(5.557)로 보고, 그 일을 더는 수행하지 않았다. 그러나 램지가 요구한 것은 그 일을 하는 실제 방법이었다고 할 수 있다. 그러한 방법이 주어지지 않으면, 필연성의 본성에 대한 비트겐슈타인의 믿음은 근거가 약한 것으로 될 수밖에 없다고 보았기 때문이다.

비트겐슈타인은 1929년 철학에 복귀한 직후부터 이 문제를 해결하고자 시도한다. 처음에 그는 램지가 제기한 문제가 『논고』의 체계를 근본적으로 수정하지 않고 대답될 수 있을 것으로 막연히 생각했다. 『논고』에서부터 그의 철학 복귀 직후까지의 그의 생각은 『큰 타자원고』(BT)에 나오는 1933년의 다음 글에 잘 술회되어 있다:

내가 『논고』를 썼을 때(그리고 그 후에도 여전히), 나는 fa=(fa & ~fb)[즉 a가 지금 특정한 장소에 있다는 것(fa)으로부터 b가 그곳에 있지 않다는 것(~fb)이 따라 나온다는 것]는 fa가 그 어떤 다른 명제와 ~fb의 논리적 곱 ― 그러니까 fa=(p& ~fb) ― 일 경우에만 가능하다고 믿었으며, fa(예를 들면, 색채 진술)는 그러한 논리적 곱으로 분석될 수 있을 것이라는 견해를 지니고 있었다. 그 당시에 나는 그러한 분석을 찾아내는 일을 내가 어떻게 상상하는지에 관해서는 아무런 명료한 관념을 지니고 있지 않았다.(p.340/이 책 134쪽)

그가 지니고 있었던 (명료하지 않은) 생각은, 가령 어떤 장소의 색채에 대한 진술은 "색채(물감이 아니라 색깔)의 구성 성분들(여럿이 있다면)을 진술하는 하나의 논리적 곱 r&s&t…"와 그다음에 '이것이 **모든** 구성 성분이다'라는 보충적 진술로, 그러니까 "지금 이 장소에는 이 색깔들(혹은 이 색깔)이 있고 **그 밖의 색은 없다**"라는 말로 된다는 것이었다. 그러나 어떤 한 장소에 복수의 색이 있다는 말은 그 장소의 색이 혼합색이라는 것을 의미해야 할 것이다. 그리고 그렇다면 거기에는 포함된 색조들의 양의 정도가 있어야 하고, 따라서 색채 진술은 그 포함된 색깔(들)의 양을 어떻게든 진술해야 한다(BT pp.340-341 참조). 이 점은 어떤 간격의 길이, 어떤 음의 높이, 어떤 색조의 밝기나 붉기 등과 같은 "질의 정도를 표현하는 진술" 일반에 적용된다. 그러므로 비트겐슈타인의 생각은 "양에 대한 개개의 진술들의 논리곱과 완전하게 마무리하는 하나의 보충적 진술로 분석될 수 있다"는 것이었다(RLF 18-19쪽). 그러나 비트겐슈타인은 곧 이런 생각이 통하지 않음을 깨닫게 된다.

> 왜냐하면, 이를테면 밝기의 단위를 b라고 부르고 E(b)는 존재물 E가 이 밝기를 지니고 있다는 진술이라고 해 보면, 명제 E(2b) — 이것은 E가 정도 2의 밝기를 지니고 있다는 말이다— 는 E(b)&E(b)라는 논리적 곱으로 분석될 수 있어야 할 테지만, 그러나 이것은 E(b)와 같기 때문이다. 그리고 다른 한편으로, 우리가 단위들을 구별하려고 시도하고 그 결과 E(2b)=E(b′)& E(b″)라고 쓴다면, 우리는 두 가지 상이한 밝기의 단위들을 가정하는 것이고, 그러면 어떤 한 존재물이 하나의 단위를 지닌다면 그것은 b′ 혹은 b″ 둘 중 어느 쪽인가 하는, 명백히 부조리한 문제가 발생할 수 있을 터이기 때문이다.(RLF 19쪽)

또 다른 문제는 바로 색채 혼합의 논리와 관계된다(WA I p.55 참조). 가령, 붉은빛을 띤 파랑은 파랑과 빨강의 혼합이어야 하겠지만, 어떤 것(A)이 붉은빛을 띠면서 파랗다고 말할 때, 그 말은 "A는 파랗다"와 "A는 붉다"로 분석될 수 없다. 그 말로부터는 그 어느 쪽도 나오지 않고, 오히려 배제된다. 한편, 색채 혼합이 단순히 색들의 (진리함수적) 논리곱이라면, 가령 빨강과 초록의 혼합으로부터는 붉은빛을 띤 초록도 가능해야 할 것이다. 그러나 이런 색은 나오지 않는다. 이런 색 자체가 존재할 수 없다. 그러므로 진리 함수적 표기법은 색채 혼합의 실제 '다수성(multiplicity)'을 올바로 표현할 수 없다는 문제를 지닌다.

이로부터 비트겐슈타인이 내린 결론은 다음과 같다:

> 나는 질에 정도를 부여하는 진술은 더 분석될 수 없다고 주장
> 한다. 그리고 더욱이, 정도 차이의 관계는 내적 관계이고, 따라
> 서 그것은 상이한 정도들을 부여하는 진술들 사이의 내적 관계
> 에 의해 묘사된다고 주장한다. 즉, 원자적 진술은 그것이 부여
> 하는 정도와 같은 다수성을 지녀야 하고, 그런 까닭에 원자적
> 명제들의 구조에는 수가 들어가야 한다는 결론이 나온다. 분석
> 불가능한 정도 진술들의 상호 배제는 수년 전에 내가 출판한 의
> 견, 즉 원자적 명제들은 서로 배제할 수 없다는 것을 필요로 한
> 의견과 모순된다. (RLF 19쪽)

즉, 비트겐슈타인은 『논고』의 진리 함수적 논리(표기법)만으로는
색채 진술의 올바른 논리적 구조를 포착할 수 없다는 점을 받아들인
다. 그러나 이를 그는 아직 『논고』식의 관점에서 처리한다. 즉, 질적
정도의 진술들은 『논고』의 진리 함수적 논리로 더는 분석될 수 없는
것, 그러니까 요소 명제들로 간주된다. 다만 이것들은 이제, 양적 진
술들의 논리곱으로 더는 분석될 수 없는 대신, 그 자체에 수들을 내
포하는 것으로 된다. (『논고』에서 수는 명제 연산의 지수일 뿐이었
고, 명제 형식의 요소로 포함되지 않았었다.) 그리고 따라서 이 요소
명제들은 더는 상호 독립적일 수 없다.

그런데 요소 명제들이 상호 독립적이 아니라면, 이제 요소 명제와

다른 명제 사이의 구별은 약화 내지 무의미해진다. 그 구별은 RLF에서는 일단 유지되었지만, 비트겐슈타인은 얼마 안 가 "이제 '요소 명제'의 개념은 이전의 의미를 완전히 상실한다"(PB p.111)라고 말한다. 그리고 이와 함께 명제들이 직접적으로 실재의 그림이라는 생각도 약화된다. 왜냐하면 이제 명제들은 실재와 비교되더라도, 개별적으로 직접 실재와 비교되는 것이 아니라, 논리적으로 상호 연관된 상태로 비교되어야 하기 때문이다. 언어와 실재의 이런 접촉 관계를 그는 자의 개별적 눈금이 아니라 눈금 전체가 측정 대상에 대어지는 것으로 비유한다(PB pp.109-110과 제2부 "자와 명제 체계"; WWK pp. 63-64 참조). 즉, 이제 실재와 직접 비교되는 것은 개별 명제들이 아니라 '명제들의 체계'라는 것이다.

이렇게 변화되어 가는 생각 속에서 이제 비트겐슈타인의 관심사는 예컨대 "이 점(장소)은 붉다"(RPT)와 "이 점은 파랗다"(BPT)의 동시적 참(논리적 곱)이 무의미한 구문으로 처음부터 방지될 수 있는 논리(표기법)를 찾는 것이 되었다. RPT와 BPT는 서로 모순은 아니지만, 오직 한 사람만 앉을 수 있는 의자처럼 함수 "( )PT"의 빈자리를 놓고 상호 배제한다(RLF 20, 22쪽). 『논고』의 논리는 이 상호 배제 관계를 표기법상으로 나타낼 수 없음으로써, 무의미한 구문들의 형성을 방지할 수 있는 구문론적 규칙들을 완비하지 못한 논리였다. (그러므로 사실 그것은 의미 있는 명제들과 그렇지 않은 것들을 명확히 하여 이른바 언어의 한계를 올바로 보여 준 것도 아니었다.)

그러나 비트겐슈타인의 과제는 그가 『논고』에서 '대상들의 형식들'이라고 언급한 시간, 공간과 색깔[3]과 같은 특수 형식들을 다루어야 하는 것이 된다. 『논고』의 논리는 이들 특수 형식들을 다루지 않았고(또는 다루지 못했고), 따라서 그것이 관여하는 대상들은 그런 형식들에서 구별되지 않는 그저 단순한, 그러니까 실질적 속성으로서의 색깔들이 없는 것들이었을 뿐이다.[9] 그러나 이제 이들 형식들을 다룬다는 것은 이런 형식들을 지닌 실제 현상들의 논리 구조를 다룬다는 말이다. 그리고 비트겐슈타인에 의하면, 여기서는 "실제의 현상들이 자신들의 구조에 관해 우리에게 가르칠 것"(RLF 15쪽)이다. 그러므로 이제 그의 탐구는 "현상들 자체에 대한 논리적 탐구"(같은 곳), 즉 이른바 '현상학적'이라고 일컬어질 수 있는 탐구를 통해 "문제의 현상들에 대한 궁극적인 분석"(RLF 22쪽)에 도달하려는 방향으로 나아간다.

3. 비트겐슈타인이 기대한 바로는, 그의 현상학적 탐구의 결과는 나중에 그가 『큰 타자원고』에서 '현상학적 언어', 즉 "직접적인 감각 지각에 대한, 가설적 첨가물 없는 기술"(BT p.349)이라고 한 것이 되어야 할 것이었다. 이 기술에서는 일체의 물리학적, 생리학적 이론과 관련된 것들은 배제되어야 한다. 그리하여 색채 현상의 경우, 그가 원

---

8 여기서 이 '색깔'은 소리, 냄새 등의 감각적인 것을 대표하는 것으로 이해해야 할 것이다.

9 『논고』2.0231–2.0232에 따르면, 대상들은 그 자체로는 '색깔이 없다'. 특정한 색깔은 실질적 속성으로서 오직 대상들의 배열이 이루는 '사태'에서만 나타날 수 있다. 비트겐슈타인은 이러한 대상들의 예를 들지 않았지만, 그가 철학 복귀 이후 한동안 보인 현상학적 행보는 그것들이 직접 체험되는 '현상적 질(qualia)'과 같은 것이었을 가능성을 생각하게 만든다. 박병철(1998), Frascolla(2007) 제3장 참조.

한 것은 "오직 실제 지각 가능한 것에 대해서만 말하고 가설적인 대상들 ― 파동, 세포 등 ― 은 나타나지 않는 **순수** 현상학적 색채 이론"(PB §218)이었다. 이것은 현상들 자체(우연적일 수도 있는)를 다루어야 한다는 점에서 "어떤 뜻에서 후천적"(RLF 15쪽)이지만, 그 현상들에 필연적으로 내재하는 규칙들을 다룬다는 점에서는 여전히 선천적인 논리-문법적인 탐구인 것이다.

그는 우선 색채 현상이 나타나는 공간(색깔 공간)으로서의 시야의 논리 구조를 살핀다. 시야는 색깔과 공간이라는 대상의 형식들이 결합된 것으로, 시각 현상이 나타나는 본래적 공간 구조, 즉 시각 공간을 이룬다. 그가 『논고』(2.0251)에서 대상들의 한 형식으로 말한 '채색성'이 말하자면 이 공간 개념의 정의에, 즉 문법에 포함되는 것이다(BT p.322 참조). '시각 공간' 또는 '시야'는 그 표현에 우리의 감각 기관(눈)에 대한 암시가 있고 그 때문에 그 감각 기관을 지닌 자에게 소속되는 주관적인 것으로 여겨질 수 있다. 그러나 비트겐슈타인에 의하면, "시각 공간은 본질적으로 소유자가 없다"(PB §71). 즉, 이미 『논고』(5.6331과 그 전후)에서도 지적되었듯이, 순수하게 시야에서 보이는 것을 기술하는 데 '보는 눈' 또는 '보는 주체'에 대한 언급은 비본질적이다. 이는 마치 우리 언어에서 우리가 어떤 책을 그 소유자와 관련짓지 않고서도 객관적으로 지칭할 수 있는 것과 같다(PB §74 참조). 현상학적으로 기술되는 것은 이렇게 객관적으로 지칭될 수 있는 것들에 대한 다른 방식의 기술이면서도 동격을 이루는 것이 되어야 한다. 즉, 현상학적으로 기술되어야 할 순수 시각 공간은 나의 것이나 너의 것으로서 주관적인 것이 아니라 객관적인(*the*) 시야인 것이다.[10]

이러한 시야의 본질적 특성으로서 비트겐슈타인이 언급하는 점들은 이러하다. 우선, 시각 공간의 각 부분은 색깔을 지녀야 하며, 각각의 색깔은 시야의 한 부분을 차지해야 한다. 즉 "색채와 시각 공간의 형식들은 상호 침투한다"(WA I p.12). 또한 그렇다면 시야는 상하좌우의 '절대적 방향'이 있는 정돈된 공간이어야 한다(WA I pp.11-12 참조). 왜냐하면 시야 내의 부분 또는 장소들에 대한 이야기는 오직 그것들의 절대적 방향을 말할 수 있는 한에서만 가능하기 때문이다. 그리고 시야는 (어느 방향으로의) 거리 개념을 포함해야 하는 구조이다(WA I pp.14, 17-18; PB §208 참조).

RLF에서 비트겐슈타인이 실제 현상들의 묘사를 위해서는 수(數)가 들어가야 한다는 결론과 함께 그것들의 논리적 분석에 관한 그의 "첫 번째 명확한 소견"(16쪽)이라고 한 것을 밝힐 수 있었던 것은 그가 파악한 시야의 이러한 특성들에서 기인한다(WA I pp.19, 61 참조). 시야는 수적 단위들로 눈금이 표시되는 좌표축을 지닌 하나의 체계이며, 이 체계에서 시야 속에 있는 모든 색깔 있는 반점의 모양과 위치는 그 좌표축들의 수들을 진술함에 의해서 정확히 — 즉 '올바른 논리적 다수성'을 지니고 — 기술될 수 있다(RLF 16-17쪽). 예컨대 어떤 장소에 어떤 모양(가령 장방형)으로 있는 반점 P가 붉다는 것은 "[6-9, 3-8]R"(여기서 '6-9'와 '3-8'은 각각의 수들 간의 연속적 간격을 나타내고, R은 아직 분석되지 않은 항이다)과 같이 묘사될 수 있다(RLF 17쪽). 이러한 표기 방식에서 같은 좌표를 차지하는 P에

---

10 Engelmann(2013; p.19 참조)이 지적하듯이, 그것은 처음부터 상호 주관적으로 주어진 것으로 전제된다.

서로 다른 두 색깔이 부여될 수 없다는 것은 명확하다. 즉, "P는 붉으면서 파랗다"와 같은 말은 표기법상으로 허용이 안 되는 무의미한 것이 된다. 그리고 "하나의 색조는 두 가지 다른 밝기나 붉기의 정도를 동시에 지닐 수 없다, 하나의 음은 두 가지 다른 세기를 동시에 지닐 수 없다, 등등"은 "어떤 뜻에서 동어반복들"이 된다(RLF 18쪽).

한편 이 무렵 비트겐슈타인은 색깔과 관련된 다른 문제들, 가령 색의 가능하거나 불가능한 혼합, 색들 사이의 근접성 여부와 같은 문제들도 생각하고 있었다. 그리고 이들 문제들과 관련된 문법적인 점들을 명확히, 즉 일목요연하게 보여 줄 (대략적) 장치로서 색 팔면체 모형에 대해 이야기하였다(PB §1 참조). 색 팔면체는 상하의 두 꼭짓점에 하양과 검정이, 나머지 네 꼭짓점에 빨강, 노랑, 파랑, 초록이 배치된 정팔면체이다.[11] 이것은 기본색들 간의 기하학적 위치 관계를 통해, 임의의 한 점에서 성립하는 색깔 배제 관계뿐 아니라, 가령 빨강과 노랑, 빨강과 파랑처럼 혼합 가능한 색들과 빨강과 초록, 노랑과 파랑처럼 혼합 가능하지 않은 색들의 관계를 명료하게 보여 준다. 혼

---

11 색 팔면체는 (도표 1)과 같다(『비트겐슈타인과 빈학단』 p.42 및 『비트겐슈타인의 1930-1932 케임브리지 강의』 p.8 참조). 『철학적 소견들』 §221에는 (도표 2)처럼 사원색의 중간색들을 추가한 '이중 원추' 모양의 색 십육면체가 실려 있다.

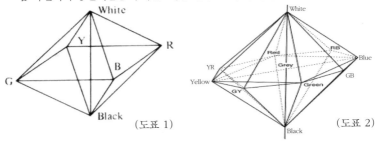

(도표 1)　　　　　　　　　　(도표 2)

합 가능한 색들은 근접해 있고, 혼합 가능하지 않은 색들은 대립적 위치에 있다. 가령 '붉은빛을 띤 초록'이나 '파란빛을 띤 노랑'과 같은 색은 있을 수 없으며, 따라서 이런 색에 대해 말하는 것은 무의미하다.

그러나 시각 공간과 관련된 "문법적 규칙들의 **일목요연한** 묘사"(PB §1)에서 얻을 수 있는 이러한 진전들에도 불구하고, 비트겐슈타인은 이 방향에서 현상학적 언어를 완성하는 데로 나아가지는 않았다. 더 정확히는, 그렇게 나아갈 수 없었고, 결국 그러한 길의 추구 자체를 포기하게 되었다. 왜냐하면 이 길은 시각 공간을 수적으로 체계화하는 것인데, 이것이 실제의 현상들을 언제나 올바로 표현해 줄 수는 없다는 점을 그가 깨닫게 되었기 때문이다. 이 단계에서 그가 발견한 문제는 시각 공간이 내적으로 애매하거나 부정확할 수 있다는 것이다. 즉, 시각과 같은 감각으로 구별되는 것에는 한계가 존재한다. 가령 어떤 정도 이상 또는 이하에서는 길이나 형태나 색채 따위의 차이가 시각적으로 구별되지 않는다. 이러한 "감각 자료의 '부정확성' 문제"(WA II pp.99-100)가 그의 현상학적 표기법에 대해 원리적 난점을 제기한다. 왜냐하면 우리는 길이나 색채가 같아 보인다고 그것들이 반드시 같다고 말할 수 없는데, 시야에서는 보이는 현상과 실재의 구별이 적용되지 않기 때문이다.[12] 만일 그런 구별이 어떤 식으론

---

12 BT p.321의 다음 말 참조: "우리들은 100각형을 원과 구별할 수 없다"란 명제는 우리들이 그 둘을 그 어떤 한 방식으로 구별할 수 있는데, 그 둘을 가령 시각적으로는 구별할 수 없다고 말하고자 하는 경우에만 뜻이 있다. 아무런 구별 방법이 마련되어 있지 않으면, 이 두 도형이 같게 보이지만 "사실은" 다르다고 말하는 것은 아무런 뜻이 없을 것이다. 그리고 저 명제는 그러면 가령 "100각=원"이라는 정의가 될 것이다.

가 도입되면, 이는 보이는 것과는 다른 실재에 대한 가설을 가정하는 것이 되고, 이는 순수 현상학적 기술의 계획을 무너뜨리게 될 것이다. 부정확한 감각 자료에 대해 그의 수학적 표기법은 그가 구하던 '올바른 다수성'을 지닌 결정을 내릴 수 없다. (그것은 기껏해야 현상에 대한 대략적 묘사에 그칠 수밖에 없다.) 즉, 현상학적 언어를 구성하려던 그의 기획은 성공할 수 없다.[13]

이제 비트겐슈타인은 우리 모두가 일상적으로 말하는 언어 외에 이른바 현상을 표현하는 '일차 언어'(WWK p.45)로서 현상학적 언어가 있을 수 있다는 생각을 포기한다. 즉, 우리의 일상 언어가 언어로서 오히려 우선권을 지닌다. 논리-현상학적 표기법은 (그것이 가능하다면) 오히려 물리적 개념들을 사용하는 일상 언어에 기대지 않을 수 없는 것이며, 언어의 최종적 한계들(즉 뜻의 한계들)을 결정해 주는 것이 될 수도 없다.

> 현상학적 언어가 가능할 것이고 그것이 본래 우리가 철학에서 표현해야 하는/하고자 하는 것을 비로소 말할 것이라는 가정은 — 내가 믿기로는 — 불합리하다. 우리는 우리의 일상 언어를 가지고 지내야 하고, 그저 그것을 올바로 이해해야 한다. 즉, 우리가 일상 언어에 미혹되어 헛소리를 말하게 되지 않게 해야 한다.(WA II p.102)
>
> 나는 우리에겐 본질상 오직 하나의 언어만이 있으며, 그것은

---

13 더 자세한 점은 Engelmann(2013), pp.37-41 참조.

일상 언어라고 믿는다. 우리는 새로운 언어를 발명하거나 새로운 기호법을 구성할 필요가 없고, 오히려 우리가 일상 언어를 그것에 숨겨져 있는 애매성으로부터 해방한다는 것을 전제하면, 일상 언어가 이미 **바로 그** 언어이다.(WWK p.45)

물론 현상학적 언어의 구성을 통해 해결하려던 문제들은 아직 해소되지 않고 여전히 남아 있다. 그러나 이제 비트겐슈타인은 이렇게 생각한다: "우리 언어의 사용 규칙들의 탐구, 이 규칙들의 인식과 일목요연한 묘사는 우리들이 종종 현상학적 언어의 구성을 통해 얻고자 하는 것과 같은 것으로 된다. 즉, 같은 것을 수행한다"(BT p.320). 그리고 이런 생각에서 비트겐슈타인은 현상학적인 논리의 탐구로부터 일상 언어의 문법에 관한 탐구로 방향을 전환한다.

4. 색채 문제에 대한 비트겐슈타인의 애초의 관심은, 그가 『논고』에서 '요구'했던 바와 같은 하나의 보편적 논리 체계를 기본적으로 유지하면서 색채 진술들과 같은 특수한 경우를 구체적으로 어떻게 분석해 낼 수 있느냐 하는 것이었다. 그러나 그의 고찰 방식이 논리적 분석에서 일상 문법의 기술로 방향 전환이 이루어지면서 색채 문제는 더는 보편적이고 본질적인 논리의 한 특수한 경우로서 자리를 차지(또는 상실?)하는 게 아니라, 오히려 이제 비로소 일상의 서로 다른 언어놀이들과 더불어 그 자신의 고유한 자리를 차지한다고 할 수 있다. 이제 비트겐슈타인은 문법적 고찰의 관점에서 색채 언어놀이에서의 진술들의 다양한 쓰임과 그 규칙으로서의 고유한 논리에 관심을

기울이며, 이러한 그의 관심의 최종 결과가 『색채』에서 집약된다.

그의 후기 고찰에서 기본적인 점이라고 할 수 있는 것은, 색채 언어 놀이에서의 문법들은 (다른 언어놀이들의 경우에서와 마찬가지로) 경험 명제의 형식을 지니지만 논리적 역할을 하는 문장들로 표현된다는 것이다.

경험 명제들의 성격을 지니지만 그것들의 진리성이 나에게는 논쟁의 여지가 없는 그런 명제들이 존재하는 것으로 보인다. 즉, 내가 그것들이 거짓이라고 가정한다면, 나는 나의 모든 판단들을 불신해야 한다.(BF III §348)

문장들은 종종 논리와 경험 지식의 경계에서 사용되고, 그래서 그것들의 뜻은 그 경계 위에서 이리저리 바뀌고, 그것들은 때로는 규범의 표현으로서, 때로는 경험의 표현으로서 여겨진다. (왜냐하면 논리적 문장을 경험적 문장과 구별하는 것은 실은 심적 동반 현상 ― 우리들은 '사고'를 그런 것으로 생각한다 ― 이 아니라 사용이기 때문이다.)(BF I §32; III §19 참조)

여기서 지적되고 있는 점은 이미 『철학적 탐구』(§251)에서 지적된 바 있고, 또 『색채』와 비슷한 시기에 쓰인 『확실성에 관하여』의 여러 군데서 되풀이해서 지적되는 점이다. 즉, 우리는 실제로는 문법적인 명제를 그 형식 때문에 경험 명제라고 속게 되지만, 문법적 명제의 논리-문법적 성격은 그 쓰임에 있는 것이지 그 형식 자체에 있지 않다는 것이다.

예를 들면, "X는 Y보다 밝다"라는 동일한 형식이 '특정한 한 물체가 다른 한 물체보다 더 밝거나 더 어두운지에 관해 보고하기'라는 언어놀이와 '특정한 색조들이 지니는 밝기들의 관계에 관해 진술하기'라는 근친적인 놀이에서 전혀 다른 성격을 지닌다. 즉, "첫 번째 언어놀이에서 그것은 외적 관계이고 그 문장은 시간적이다. 두 번째 언어놀이에서 그것은 내적 관계이고 그 문장은 무시간적이다."(BF I §1) 그리고 이 점은 가령 흰색의 밝기와 관련해서는 다음과 같이 이야기된다.

> 흰 종잇조각이 그 밝기를 파란 하늘로부터 얻는 그림에서 이 하늘은 흰 종이보다 밝다. 그럼에도 불구하고, 다른 뜻에서는, 파랑은 더 어두운 색이고, 하양은 더 밝은 색이다. ····· 팔레트에서는 흰색이 가장 밝은 색이다.(BF I §2)

비트겐슈타인에 의하면, "흰색은 가장 밝은 색이다", "투명한 흰색은 없다", "회색은 빛날 수 없다", "순수한 갈색이나 갈색의 빛은 있을 수 없다(갈색은 본질적으로 표면색이다)", "검은빛을 띤 노랑은 없다", "파란빛을 띤 초록은 있을 수 있지만, 붉은빛을 띤 초록은 있을 수 없다"와 같은 명제들[14]은 경우에 따라 경험 명제로도 문법 명제로도 쓰일 수 있다. 마치 "20+30=50"이 수에 관한 규칙을 진술하는 수학적 진술로 쓰일 수 있지만, 가령 우리 앞에 놓인 사과들을 세는 데

---

14 Westphal(1987, p.1)은 여기 열거된 명제들이 비트겐슈타인의 『색채』에서 색채의 논리 또는 문법을 표현하는 주요 명제라고 꼽고 있다.

쓰일 경우에는 사과(의 개수)에 관한 경험적 진술이라고 할 수 있는 것과 마찬가지로 말이다(LFM 171쪽 참조).

문법적 명제의 문법성 — 그리고 이것이 지니는 선천성과 필연성 — 이 그 명제의 쓰임에 있다는 것은 그 문법성이 그 명제의 쓰임에 대한 우리의 학습 및 그 후의 나날의 실천 경험과 무관하지 않다는 것이다. 수학적 명제들과 마찬가지로, 그 명제들의 선천성과 필연성은 그것들이 그 자체로 경험과 독립적이어서가 아니라, 그것들이 경험의 토대 위에서 받아들여졌으나 경험의 과정에서 경험에 대해 규제적 역할을 하는 규칙으로 굳어졌기 때문이다.[15] 그리고 '규칙'으로서 그것은 물론 어떤 실재 사태에 관한 내용 있는 주장이란 의미에서 이른바 '종합적 판단'인 것도 아니다. 그것은 도대체가 어떤 실재에 대한 기술이 아니다. 아마도 이것이 그러한 명제들을 (가령 후설처럼) '선천적 종합 판단'이라고 부르는 데 대한 비트겐슈타인의 응답이라고 할 수 있을 것이다.[16]

색채 언어놀이에 좀 더 한정해서 고찰의 기본 틀이 된다고 할 수 있는 것은, 색채가 형태와 마찬가지로 시각적 봄 또는 보임의 문제와 연관되어 있다는 점과 관계된다. 그러나 본다는 것은 무엇이며, 또 보지 못한다는 것은 무엇인가? 비트겐슈타인은 이렇게 말한다: "본다는

---

15 이런 점에 대해서는 『확실성에 관하여』 §§96-99에서의 뛰어난 비유들을 참조할 것.

16 비트겐슈타인은 WWK(pp.67-68)에서 "한 대상은 붉은색이면서 초록색일 수 없다"라는 문장을 문법적(논리적) 명제로 말하면서, 그것을 선천적 종합 판단으로 보는 후설 식 현상학의 입장을 비판한다. 또한 BF I §53, II §3에서도 자신과 같은 문법적 탐구를 (과학적 탐구로 환원하려는 노선과는 물론) 현상학적 탐구 노선과 구별한다. 후설과 비트겐슈타인의 노선 차이에 대한 더 자세한 논의는 Bouveresse (2004) 참조.

것에서 어떤 것이 우리에게 수수께끼같이 보인다. 왜냐하면 우리에게는 본다는 것 전체가 충분히 수수께끼같이 보이지 않기 때문이다."(PU II부 [251]¹⁷) 그러나 어쨌든 우리는 '본다'는 것의 의미를 그 말의 쓰임에서 배워야 한다. 즉, 그 말이 쓰이는 언어놀이에 대한 (문법적) 고찰을 통해 배워야 한다.

이에 따르면, '본다'는 것은 하나의 상태(PU II부 [248])이자 능력(BF III §281)이다. 보는 사람이 있는가 하면, 보지 못하는 사람이 있으며, 또 이 후자에는 아예 아무것도 보지 못하는 맹인과, 볼 수는 있되 어떤 색들을 보지 못한다고 일컬어지는 색맹이 있다.¹⁸ 그러나 우리의 경우, 보는 사람이 압도적으로 다수이고 그렇지 않은 사람은 예외적으로 소수이기 때문에, 사람이 본다는 것은 '정상적인' 것으로 간주된다. 그리고 이는 "사람(정상인)은 볼 수 있다", 또는 "보는 사람들이 존재한다"와 같은 진술은 일반적으로 우리에게 어떤 새로운 정보를 주는 것이 아니라는 말이다. 그러니까, 달리 말해서, 그런 진술들은 심리학책에서 발견될 수 있는 종류의 것이 아니다(BF I §16, §79, §86 참조). 만일 심리학자가 우리에게 그런 말을 한다면, 우리는 그에게 "그런데 당신은 무엇을 일컬어 '보는 사람들'이라고 하는 겁니까?" 하고 물을 수 있으며, 이에 대한 대답은 틀림없이, '이러저러한 상황에서 이러저러하게 행동하는 사람들'일 것이다(BF I §88). 그런데 이는 우리가 심리학을 배우기 이전에 언어놀이에서 배

---

17 꺾쇠괄호 속 숫자는 PU 4판에서의 절 번호를 가리킨다.

18 형태의 지각과 관련해서도 비슷한 구별이 가능하고, 이는『탐구』2부의 '상(相) 보기' 고찰에서 탐구되었다. 거기서 비트겐슈타인은 시력은 정상이되 사물의 상을 보지 못하는 사람을 '상맹(相盲)'이라고 일컫는다.

우는 것이다. 즉, "본다"란 낱말의 쓰임을 가르쳐 주는 것은 심리학자가 아니다(BF III §337). 우리는 본다는 것과 눈먼 상태를 (심리학적으로, 전문적으로) 구별하는 것을 배우기 전에, "나는……본다", "그는……본다" 등과 같은 표현들을 쓰는 것을 배운다(BF III §339). 심리학은 ('색맹 현상들'처럼) 정상적인 봄에서 **벗어나는 점들**만을 우리가 심리학 이전에 배운 '정상적인 봄'의 개념을 가지고 기술한다(BF III §165). 심리학은 오직 이런 뜻에서 본다는 현상들을 기술한다고 할 수 있을 뿐(BF I §79 참조), 결코 본다는 현상 전체를 기술하지는 않는다.

그러나 본다는 것이 우리에게 정상적인 하나의 능력이지만, 흥미롭게도 비트겐슈타인은 "정상인과 다름이 모두 다 눈멂, 결함이어야 하는 것은 아니"(BF I §9)라고 말한다. 오히려, 그에 의하면, "색맹은 실로 우리와 동일한 입장에 있다"(Z 257). "그[색맹]의 색들은 우리의 체계와 똑같이 완전한 체계를 형성"하고 있으며, "그는 나머지 색들이 더 끼어들어 올 아무런 틈도 보지 못한다"(같은 곳). 그에 의하면, 우리는 색맹이 정상인과 다른 색채 개념을 가지고 있다고 말할 수 있을 뿐이다.

우리는 "색맹 상태"에 관해 이야기하며, 그것을 하나의 **결함**이라고 부른다. 그러나 여러 상이한 체질이 쉽게 있을 수 있는데, 그 중 어느 것도 다른 것들에 대해 명백하게 열등하지 않다. ― 그리고 어떤 사람은 자신이 색맹 상태임을 특별한 기회에 그것이 드러나기 전까지는 알아채지 못한 채로 전 생애를 보낼 수 있다는

것도 생각하라.(BF III §31)

색맹인 사람들로 이루어진 한 **민족**을 생각해 보라. 그리고 그런 민족은 쉽게 존재할 수 있을 것이다. 그들은 우리와 같은 색채 개념을 가지지 않을 것이다. 왜냐하면 비록 그들이 예컨대 우리말을 말하고 따라서 우리말의 모든 색채어를 갖고 있다고 가정하더라도, 그들은 그것들을 우리와는 다르게 사용할 것이고, 또 사용하는 법을 다르게 **배울** 것이기 때문이다.(BF I §13)

그런데 이것이 반드시 색맹은 우리에게 없는 '새로운 색깔'을 본다는 말은 아니다. 왜냐하면 "색이 무엇이냐에 대해서는, 그것이 우리의 색깔들 중 하나라는 것을 제외하면, 보편적으로 인정된 기준이 존재하지 않는다"(BF I §14)고 해야 하기 때문이다. 우리가 불가능하다고 말하는 색깔들을 나타내는 표현들("붉은빛을 띤 초록"이나 "노란빛을 띤 파랑" 따위)을 일관성 있고 자연스럽게 사용하고 또 아마도 우리에게는 없는 능력들을 드러내는 사람들이 존재한다고 하더라도, 비트겐슈타인에 따르면, 우리가 '그들은 우리가 보지 못하는 **색깔들**을 본다'고 불가피하게 인정해야 하는 것은 아니다(같은 곳; 또한 BF III §32 참조).

그러므로 어떤 것이 우리에게 어떻게 (어떤 색으로) 보인다는 것은 중요하다. 물론 "어떤 것이 나에게 — 또는 모든 사람에게 — 그렇게 보인다는 것으로부터, 그것이 그렇다(그렇게 **있다**)는 것은 따라 나오지 않는다."(BF III §96) 그러나 그렇다고 해서 그 둘이 서로 전적으로 논리적으로 무관하냐 하면 그것도 아니다. 전자가 성립할 때 후자, 즉 '그것이 그렇다(그렇게 있다)'는 것을 의심하는 것이 언제나 뜻이 있다고 할 수는 없다(G §2 참조). 비트겐슈타인에 의하면, 전자는 후자의 기준이다.[19]

> [어떤 것]이 사람들에게 그렇게 보인다는 것은, 그것이 그렇게 있다는 것에 대한 사람들의 기준이다.
> 그렇게 보임과 그렇게 있음은 예외적인 경우에는 물론 서로 독립적일 수 있지만, 이것이 그것들을 논리적으로 독립적으로 만들지는 않는다; 언어놀이는 예외에 있지 않다.(BF III §§98-99)

예컨대 "이 책상이 우리 모두에게 갈색으로 보인다는 것으로부터, 그것이 갈색이라는 것은 따라 나오지 않는다."(BF III §96) 그러나 "우리는 시력이 정상인 사람에게 어떤 상황에서 갈색으로 보이는 책상을 **일컬어** 바로 갈색이라고 하지 않는가?"(BF III §97) 즉, 어떤 것이 정상적인 상황에서 갈색으로 보인다면, 그것의 색깔은 우리가 '갈색'이라고 부르는 바로 그 색 즉 갈색인 것이다. 이는 색채 언어놀이의 기본적인 한 문법을 이루는 것이기도 하다.

---

19 이 인용문에 나타난 생각은, 내가 보기엔, 유아주의와 실재주의의 합치라는 전기 비트겐슈타인 사상의 후기 버전이라고 할 수 있을 듯하다. McGinn(1991)은 나와 비슷하게 『색채』의 핵심에서 전기 유아주의와 일맥상통하는 형식의 자연주의를 보지만, 이상하게도 이 중요한 구절은 인용하고 있지 않다. 이 인용문은 색채의 언어놀이뿐 아니라 확실성의 언어놀이 등 다른 언어놀이들의 고찰을 위해서도 기본적으로 중요하다. 『확실성에 관하여』 §2의 첫 단락은 여기 인용된 BF III §96의 첫 단락과 동일하다.

5. 색채 개념들에 대한 비트겐슈타인의 구체적인 고찰은 실제 색채 언어놀이의 다양한 맥락과 관계된다. 그는 우선 "색채 개념들의 논리는 보기보다 훨씬 더 복잡"(BF III §106)하며, "모든 색채 개념이 논리적으로 같은 종류가 아니라는 것"(BF III §241)을 주지시킨다. 우리의 색채 개념은 때로는 실체들에, 때로는 표면들에, 때로는 불빛들에, 때로는 투명한 물체들에 관계되며, 공간적 연관과 논리적으로 독립된, 시야 속 한 장소에 적용되기도 한다(BF III §255). 그의 고찰은 이 모든 맥락에서 이루어지고 있지만, 여기서 그것을 다 살펴보는 것은 불가능하다. 나는 주로 일찍이 그를 괴롭혔던 문제, 즉 색깔 배제의 논리성 문제와 관련되는 한에서 그의 최종적 소견이 어떻게 정리될 수 있는지를 살펴보며 논의를 마무리하려 한다.

애초에 비트겐슈타인은 『논고』(6.3751)에서 "시야 속의 한 점이 동시에 상이한 두 색깔을 지닌다는 진술은 모순"이며 그러한 진술은 "색의 논리적 구조에 의해 배제"된다고 말했다. 그는 기본적으로 이러한 생각을 유지하려고 애썼다. 그러나 문제의 진술은 그 자체로서 모순(그 부정이 동어반복인)은 아니며, 따라서 그러한 진술을 배제하는 논리는 진리 함수적 논리일 수 없다. 후기 비트겐슈타인은 BT(§100)에서 자신의 견해를 기본적으로 다음과 같이 수정했다.

> "어떤 한 시각에 어떤 한 장소에는 오직 **한** 색깔만이 자리한다"라는 명제는 물론 위장된 문법적 명제이다. 그것의 부정은 모순이 아니지만, 우리가 받아들이는 문법의 규칙과 **모순된다**.

즉, "어떤 한 시각에 어떤 한 장소에는 오직 **한** 색깔만이 자리한다" 라고 하는 명제는 동어반복이 아니며, 따라서 그것의 부정은 모순이 아니지만, 그렇다고 그것이 어떤 실재에 관한 경험적이거나 형이상학적인 진술은 아니라는 것이다. (비록 그것이 그렇게 오해될 수 있을지 모르지만 말이다.) 그것은 어디까지나 우리 색채 언어놀이에서의 개념의 논리, 사용 규칙에 관한 문법적인 성격의 진술이며, "시야 속의 한 점이 동시에 상이한 두 색깔을 지닌다"라고 하는 진술은 바로 이러한 우리의 문법 규칙과 (논리적으로) 모순된다는 것이다.

물론 이 규칙은 서로 다른 두 색이 각각 자기 색을 유지하면서 시야의 같은 점에 동시에 있을 수 없다는 것일 뿐, 두 색이 어떤 식으로 혼합되어 시야의 한곳에 하나의 색으로 있을 수 없다는 말은 아니다. 그러나 이 경우에도, 서로 다른 두 색이 모두 각각 하나의 혼합색으로 있을 수 있는 것은 아니다. 예컨대, 이미 앞에서 언급했다시피, 빨강과 초록, 또는 파랑과 노랑의 혼합은 사원색[20] 중 나머지 두 색을 혼합하여 중간색을 얻을 수 있는 것과 같은 식으로 혼합색을 낳지 않는다. 즉 붉은빛을 띤 초록, 파란빛을 띤 노랑은 있을 수 없다. 그러나 이러한 불가능성은, 비트겐슈타인에 의하면, 물리적이거나 현상학적 성격의 것이 아니며, 그렇다고 그 자체로 논리적으로 모순인 것도 아니다. 그것은 그가 이미 색 팔면체를 통해 보여 준 바와 같은 우리의 색채 언어놀이의 규칙에 모순되는, 문법적 불가능성이라는 것이다.

---

20 비트겐슈타인이 초록을 원색(또는 기본색)으로 보는 이유에 대해서는 『색채』III §§26-27 및 §§110-114, 그리고 I §§6-7 참조.

그러나 우리의 색채 문법은 다양하며, 『색채』에서 비트겐슈타인은 색 팔면체만으로는 설명될 수 없는 그 밖의 색채 문법들을 또한 다룬다. 가령 시야의 한곳에 있는 색은 투명하거나 투명하지 않을 수 있고, 빛나거나 빛나지 않을 수 있고 하는 등등의 경우와 관계된 것들이 그것이다. 예컨대 물이나 유리 등의 경우에서 보듯이, 어떤 것은 투명하면서 붉거나 파랗거나 노랗거나 초록빛을 (심지어 검은빛을) 지닐 수 있다. 그러나 어떤 것의 색이 희면서 동시에 투명할 수는 없다. 투명한 흰색의 물이나 우유, 유리 등은 있을 수 없다. 그리고 어떤 것이 빛난다면, 그것은 회색, 갈색, 검은색일 수 없다.[21] 왜 그런가? '투명한 흰색'의 경우에 한정해 보자면,[22] 이 경우와 관련해 그는 다음과 같이 말한다(BF I §§19-20).

투명한 것이 초록색일 수는 있지만 흰색일 수는 없는 것은 어째서인가?

투명성과 반사는 시각 상(像)의 심층 차원에만 존재한다.

투명한 매체가 주는 인상은 그 매체 뒤에 어떤 것이 놓여 있다는 것이다. 시각 상이 완전한 단색성(單色性)을 지니면 투명할 수 없다.

---

21 그리고 무색의 빛나는 것이 "백색 광채"로 불리기는 하지만, 우리들은 그것을 그렇게 부르려고 하지 않을 수 있다. BF I §48 참조.

22 Lugg(2014)는 『색채』의 핵심이 투명한 흰색 문제에 대한 고찰에 있다고 본다. 그리고 BF II §§2-10이 그 문제를 설명해 주는 분석을 제공한다고 본다. 그러나 이 부분이 그리 명료하거나 충분한 설명이 되는지는 의문이다. BF II §2는 '흰색의 혼합은 색에서 유색성을 앗아 간다'는 것이 '투명하게 맑은 흰색이 있을 수 없다'는 명제의 근저에 있을 가능성만을 언급하고 있다.

색깔 있는 투명 매체 뒤의 흰 것은 그 매체의 색깔로 나타나고, 검은 것은 검게 나타난다.

이 규칙에 따르면, 흰 바탕 위의 검정은 '투명한 흰' 매체를 통해 보면 색깔 없는 매체를 통해 보이는 것처럼 보여야 한다.(BF I §§19-20)

즉, 여기서 언급된 '색깔 있는' 투명 매체에 대해 성립하는 규칙에 따르면, '투명한 흰색' 매체는 ― 만일 가능하다면 ― 여기서 언급된 경우에 색깔 없는 매체처럼 보여야 한다. "왜냐하면 검정은 검정으로 남아 있어야 하고, 하양은, 그것은 또한 그 투명한 물체의 색이기도 하므로, 변하지 않고 남아 있기 때문이다"(BF III §136). 그러나 단순히 다른 색채들과의 유비에 따르면 나와야 하는 이러한 결과는 모순적이다. 그것은 흰색이라는 색깔을 색깔이 없는 것(무색)과 같은 것이 되게 만든다.

비트겐슈타인에 의하면, 그가 언급한 규칙은 "물리학의 명제가 아니라, 우리의 시각 경험에 대한 공간적 해석의 한 규칙"(BF III §173), 또는 "투명성의 외관에 관한 하나의 규칙"(BF III §200)이다. 그리고 이는 흰색의 인상이 이러저러한 조건하에서만 인과적으로 발생한다고 (형태 심리학적으로) 말하는 것이 아니라, 그것이 특정한 연관의 인상이라는 것(정의)으로서, 문법(논리)에 속하는 규칙이다(BF III §229 참조). 즉 '투명한 흰색'은 우리의 일상적 색채 문법에 어긋나기 때문에 불가능한 것에 속하는 것이다. 그러므로 비트겐슈타인은 '투명한 흰색'의 문법적 불가능성에 관해 이렇게도 말한다.

"우리들은 흰색의 물을 생각할 수 없을 것이다, 등등." 즉, 우리들은 흰색의 맑은 것이 어떻게 보일지를 기술할(예를 들면, 그림으로 그릴) 수 없을 것이다. 그리고 이는, 우리들은 이 말이 우리에게 어떤 기술, 어떤 묘사를 요구하는지 알지 못한다는 것을 뜻한다.(BF I §23)

그리고 여기서 문법적 불가능성이 지니는 '논리적' 성격이 어떤 점에 있는가 하는 것이 새로이—앞 절에서 부분적으로 드러난 것에 이어—드러난다. "시야 속의 한 점이 동시에 상이한 두 색깔을 지닐 수는 없다", "붉은빛을 띤 초록, 파란빛을 띤 노랑은 존재하지 않는다", "투명한 매체는 흰색일 수 없다"와 같은 명제들은 우리의 색채 문법에 속한다고 하였다. 그러나 그것들이 '우리의' 색채 문법이라고 말하는 것은 우리와는 다른 색채의 문법이 존재할 수 있다는 생각을 자연스럽게 불러일으킨다. 그리고 그렇다면, 그저 여럿 중의 하나에 불과할 수 있을 터인 우리의 문법이 어떻게 자의적이지 않고 '논리적' 성격을 지닌다고 할 수 있을까?

비트겐슈타인은 저 색채의 문법적 진술들을 "우리가 수학에서 공리로 사용하는 문장들과 근친적"(Z §346)이라고 보아 왔다. 그것들은 "3×18인치는 3피트가 되지 않을 것이다"라고 말하는 것과 얼마간 유사(BB 101쪽)하거나 "정이각형은 존재하지 않는다"와 비슷한 문장이다(BPP II권 §421). '투명한 흰색 물체'를 형성한다는 것은 '정이각형'을 형성하는 것과 마찬가지로 우리들이 상상할 수 없는 것이다(BF I §31; III §138 참조). 여기서 '상상할 수 없다'는 것은 물론 심리학적이 아니라 논리적인 의미에서의 말이다. 그리고 후자의 의미와 관련해 비트겐슈타인은 다음과 같이 말한다:

"우리들은 그것을 상상할 수 없다"는, 논리에 관계되는 문제일 때, 이런 뜻이다. 즉, 우리들은 여기서 무엇을 상상해야 하는지 알지 못한다는 것이다.(BF I §27)

여기서의 난점은 BF III §§86-88에서 좀 더 자세히 설명되고 있다.

사람들이 우리 정상인들과는 다른 색채 기하학을 갖고 있을 것이라는 상상이 가능할 수 없는가? 그리고 이것이 뜻하는 바는 물론, 우리들은 그것을 기술할 수 있는가, 그것을 기술하라는 요구를 즉시 따를 수 있는가, 그러니까 우리에게 요구되는 것을 **명확히** 아는가 하는 것이다.

난점은 명백히 이것이다. 즉, 문제되고 있는 바로 그 색채 기하학이, 요컨대 색깔들이 이야기되고 있다는 것을 우리에게 보여 주지 않는가?

그것을 상상하는 (혹은 그것을 마음속에 그리는) 난점은 그러니까 본래, 언제 **그것이** 마음속에 그려졌는가를 아는 것이다. 즉, 그것을 상상하라는 요구의 불확정성이다.

난점은 그러니까, 여기서 무엇이 우리에게 친숙한 것의 유사물로서 간주될 수 있는지를 아는 것이다.(BF III §§86-88)

비트겐슈타인이 지적하는 난점은, 개념들이 삶에서의 쓰임과 본질적으로 연관되어 있으며 "오직 정상적인 경우들 속에서만 말의 쓰임은 우리에게 명료하게 규정된다"(PU §142)는 그의 생각의 귀결이다. 어떤 사람들이 우리와는 전혀 다른 색채 개념들을 갖고 있다고 하려면, "그들이 갖고 있는 개념들 역시 우리가 '색깔 개념'이라고 부르게 될 그런 방식으로 우리의 색깔 개념과 근친적이라고 상상될 수"(BF I §66) 있어야 한다. 즉, 그들의 색채 개념은 우리의 색채 개념과 일종의 가족 유사성을 지녀야 한다. 그러나 이렇게 되면 그들이 갖고 있는 개념이 과연 우리의 색채 개념과 근본적으로 다르다고 해야 할지는 다시 문제가 될 수 있다. 즉 개념과 그것의 실천적 쓰임의 상호 연관은, 어떤 존재들과 우리의 언어 행위에서의 차이가 어떤 정도 이상을 넘어가면, 그들이 우리와 같은 개념의 일을 하는데 그저 이상하게 다른 방식으로 하는 것인지, 아니면 실제로 우리와 근본적으로 다른 개념의 일을 정상적으로 하는 것인지를 판단하는 데 늘 어떤 불확정성을 남긴다.[23] 그리고 이것은, 그 극단에서, 이른바 우리의 것과 매우 다른 개념이나 문법이 실은 단순히 표현 방식상의 차이에 불과한 (별 문제되지 않을) 경우와, 그 개념 또는 문법이 우리에게 전혀 쓸모없고 이해 불가능하여 '비논리적'이거나 '불합리한' 것으로 취급될 수 있는 경우를 허용한다.[24] 요컨대, 우리에게 익숙한 문법과 다른

---

23 이러한 생각은 후일 '개념 틀'이라는 (상대주의를 조장할 수 있는) 관념에 대한 D. 데이빗슨의 잘 알려진 비판에서 등장하는 생각과 통한다고 할 수 있을 것이다.

24 이른바 다른 종류의 논리나 수학에 대한 LFM 제21강의 이후의 여러 곳에서의 논의 참조. 또한 우리가 이해할 수 없거나 배울 수 없을 정도로 우리의 언어놀이와 다른 언어놀이, 혹은 우리의 언어놀이와 원리적으로 화해될 수 없는 언어놀이에

문법에 대한 상상이 바로 이런 종류의 난점과 결과에 엮여 있다는 점이 우리의 색채 문법에 한편으로는 자의적으로 보이면서 또 한편으로는 강제적이라고 할 수 있는 논리성을 부여하는 것이다.

　이제 일종의 가족 유사성을 지니는 이러한 논리성에는 『논고』식 논리의 순수성이 더는 없다. 그러나 애초에 그러한 순수성이란 것이 하나의 신화였을 뿐이다. 『논고』는 실제의 다양한 언어들에 공통되는 유일한 하나의 순수한 논리를 상정했었다. 이 논리는 그 실제 언어들에서의 적용과 충돌 없이 접하기만 할 뿐, 서로 침해하지는 않는다(5.5563 참조). 그 논리는 말하자면 '숭고한' 논리성을 지닌다. 그러나 후기로 가면서 비트겐슈타인은 논리를 그것의 다양한 실제적 적용 속에서 고찰한다. 그가 후기에 말하는 문법은 이러한 실제의 평범하고 일상적인 적용 가운데 융합되어 녹아 있는 논리이다. (실로 이러한 변화에 그의 후기로의 전환의 요체가 있다고 할 수 있다.) 이런 점에서, 전기의 논리에서 후기의 문법으로의 전환이라는 변화 속에서도 비트겐슈타인의 사상에는 근본적인 연속성이 존재한다고 할 수 있을 것이다.[25]

대한 Z §§350, 368-390과 G §609-612의 소견들 참조.
25 이 점에 대해서는 McGinn(2004) 및 이영철(2016) 제4장 참조.

참고문헌

괴테, W. 2003. 『색채론』(장희창 옮김). 서울: 민음사.

박병철. 1998. 「비트겐슈타인의 색채관」. 『철학』 제54집: 117-146.

비트겐슈타인, L. 2006. 『논리-철학 논고』(이영철 옮김). 서울: 책세상. 비트겐슈타인 선집 1. (TLP)

비트겐슈타인, L. 2006. 「논리적 형식에 관한 몇 가지 소견」. 『소품집』(이영철 편역). 서울: 책세상. 비트겐슈타인선집 2.13-22쪽. (RLF)

비트겐슈타인, L. 2006. 『청색 책·갈색 책』(이영철 옮김). 서울: 책세상. 비트겐슈타인 선집 3. (BB)

비트겐슈타인, L. 2006. 『철학적 탐구』(이영철 옮김). 서울: 책세상. 비트겐슈타인선집 4. (PU)

비트겐슈타인, L. 2006. 『쪽지』(이영철 옮김). 서울: 책세상. 비트겐슈타인선집 5. (Z)

비트겐슈타인, L. 2006. 『확실성에 관하여』(이영철 옮김). 서울: 책세상. 비트겐슈타인 선집 6. (G)

비트겐슈타인, L. 2006. 『문화와 가치』(이영철 옮김). 서울: 책세상. 비트겐슈타인선집 7. (CV)

비트겐슈타인, L. 2010. 『비트겐슈타인의 수학의 기초에 관한 강의』(박정일 옮김). 서울: 사피엔스21. (LFM)

이승종. 1996. 「비트겐슈타인의 색채 개념 분석」. 『철학연구』 제38집: 147-170.

이영철. 2016. 『비트겐슈타인의 철학』. 서울: 책세상.

Bouveresse, J. 2004. "Wittgenstein's answer to 'What is colour?'" In D. Moyal-Sharrock (ed.), *The Third Wittgenstein*. Aldershot: Ashgate. pp.177-192.

Engelmann, M. L. 2013. *Wittgenstein's Philosophical Development*. New York: Palgrave Macmillan.

Frascolla, P. 2007. *Understanding Wittgenstein's Tractatus*. London & New York: Routledge.

Harre, R. & M. A. Tissaw. 2005. *Wittgenstein and Psychology: A Practical Guide*. Aldershot: Ashgate.

Lugg, A. 2014. "When and why was *Remarks on Colour* written - and why is it important to know?" In F. A. Gierlinger, & S. Riegelnik (eds.), *Wittgenstein on Colour*. Berlin/Boston: de Gruyter. pp.1-19.

McGinn, M. 1991. "Wittgenstein's *Remarks on Colour*." *Philosophy* 66: 435-453.

McGinn, M. 2004. "Wittgenstein on colour: from logic to grammar." In A. Coliva & E. Picardi (eds.), *Wittgenstein Today*, Padova: Il Poligafo. pp.101-119.

Ramsey, F. P. 1923. "Critical notices." *Mind*, vol.32, pp.465-478.

Rothhaupt, J. G. F. 1996. *Farbthemen in Wittgensteins Gesamtnachlass*. Beltz Athenäum: Weinheim.

Westphal, J. 1987. *Colour: Some Philosophical Problems from Wittgenstein*. Oxford: Blackwell.

Wittgenstein, L. 1977. *Bemerkungen über die Farben / Remarks on Colour*. Oxford: Blackwell. (BF)

Wittgenstein, L. 1980. *Wittgenstein's Lectures: Cambridge: 1930-1932*. Chicago: The Univ. of Chicago Pr. (WLC)

Wittgenstein, L. 1981. *Bemerkungen über die Philosophie der Psychologie Bd. II / Remarks on the Philosophy of Psychology. vol. II*. Oxford: Blackwell. (BPP II)

Wittgenstein, L. 1984a. *Philosophische Bemerkungen* (Werkausgabe Bd. 2). Frankfurt a. M.: Suhrkamp. (PB)

Wittgenstein, L. 1984b. *Philosophische Grammatik* (Werkausgabe Bd. 4). Frankfurt a. M.: Suhrkamp. (PG)

Wittgenstein, L. 1999. *Wiener Ausgabe*. Bde. 1 & 2. Wien/New York: Springer Verlag. (WA I, II)

Wittgenstein, L. 2005. *The Big Typescript TS 213*. Oxford: Blackwell. (BT)

Wittgenstein, L. & F. Waismann. 2003. *The Voices of Wittgenstein: The Vienna Circle*. London & New York: Routledge. (VW)

Wittgenstein, L. 2009. *Philosophische Untersuchngen / Philosophical Investigations*. Oxford: Blackwell, 4th ed. (PU)

찾아보기*

가능성 III: 301

가르치다 I: 4, 72, 75, 88; III: 21, 36, 118, 122,
165, 167, 217, 240, 283-284, 289, 291, 304,
313, 319, 333, 337, 341

가물거리는 III: 66

갈색 I: 10-11, 72; II: 1; III: 30, 47-48, 60, 62,
65, 95-97, 110, 123, 126, 163, 215, 255

갈색 열 I: 34

갈색의 빛 III: 65, 215

감각 II: 18; III: 71-72

감정 III: 80

같은 색/색깔/색조 I: 11, 13, 18, 24, 49; III: 30,
95, 130, 163, 181, 244

개념 규정 III: 13

개념/낱말의 도입 III: 36, 259

개념의 논리 I: 39; III: 221

거울상 III: 159

건축 I: 59; III: 265

걸맞음 III: 155

검사, -하다 I: 84; III: 111, 279, 283, 290

검정/검은(색) I: 20-21, 44, 47, 52, 63, 8; II: 7,
18; III: 5, 22, 24, 37, 51, 57, 60, 62, 69-70,
80, 83-85, 94, 102, 105, 117, 134, 136-137,
152, 156, 173, 175, 179, 191, 193, 205,

208, 237-238, 240, 243

결단 III: 296

결합 I: 9; III: 31

경계 I: 32; III: 19

경험 I: 32; II: 10; III: 4, 19, 26, 125, 143, 167,
173

경험 명제/문장 I: 32; III: 4, 19, 348

경험 지식 I: 32; III: 4, 19

고등수학 I: 75; III: 119

고산식물 III: 17

고통 I: 57; III: 127, 261, 304, 311

곱셈 III: 289

과학, -적 I: 3; III: 36

관습적 III: 300

관찰, -하다 I: 57, 80, 82; III: 261, 318-319,
323, 326, 338, 342-343

광도 III: 156

광채 I: 48, 60-61; III: 22, 53, 141, 266, 268

광택이 있는/없는 III: 107, 139, 152, 156, 246

괴테(Goethe, Johann Wolfgang von) I: 2, 17,
53, 70-73; II 16; III: 57, 90, 94, 125-126,
132, 206, 251

규범 I: 32; III: 32

규정, -하다 I: 1, 5, 59; II: 9; III: 13, 25, 68, 131,

---

* 아라비아 숫자들은 본문의 절 번호들이다.

160, 180, 265, 296

규칙(성) I: 20, 29, 74; III: 91, 173, 200, 300

그림 I: 2, 23, 59-60, 67; II: 13; III: 1, 20, 22-23, 27, 38, 56-57, 68, 76, 132, 151, 157, 195, 213, 233, 235, 244, 255, 257, 259, 265, 267, 272, 318

그림자/그늘 I: 60-61, 72; II: 5, 9; III: 53, 57, 126, 144, 171, 246, 266, 268

근친 관계 III: 46, 60, 178, 197

근친적 I: 1, 66; III: 47, 50, 75, 131, 154, 241-242, 251

금발 I: 63-65; III: 117, 271, 274-276

금빛 III: 79, 100

금색 I: 33, 54; III: 79, 241

금속 III: 258

기본색☞원색] I: 6; III: 60, 158

기술(記述) I: 16, 23, 64, 75-76, 79-81; III: 27, 53, 55, 57-58, 86, 119, 121-122, 155, 164-166, 168-169, 187, 157, 276-277, 279, 291, 319-320, 323, 332

기술(技術) III: 119, 162, 296, 320

기준 I: 14; III: 42, 98

깃발 III: 22, 211

깊은/깊이 I: 44; III: 156, 195, 272, 317

깜빠이는 III: 66

꿈 III: 230, 325

나타남 I: 50

남서풍적인 북풍 I: 21; III: 94

내적 관계 I: 1

내적 특성 III: 63

내적인 눈 III: 27

노랑/노란(색) I: 6-7, 9, 33, 54, 59, 72, 78; II: 2, 4; III: 4, 9, 21, 26-27, 30, 37, 39-41, 47-48, 50-51, 57, 70, 106, 111, 126, 128-129, 158, 161, 179, 191, 201-203, 208, 211, 241, 265

녹청색 III: 110-111

논리(학), -적 I: 22, 27, 32, 39, 54, 84; II: 3; III: 4, 12-13, 19, 27, 46, 74, 80, 99, 106, 110, 114, 156, 188, 211, 221, 229, 241, 255, 283, 335, 350

논리학자 I: 69; III: 109

논리합 III: 28

놀이 I: 1, 60, 75-76; III: 30, 53, 114-115, 119, 131, 266-267, 282, 284, 291, 310, 320

눈(이) 먼[☞맹인] I: 81, 83-85, 87; III: 279-280, 294, 319, 321-322, 339, 343-345

눈부심 III: 156

눈을 감고 보는 것 III: 257

눈이 보이는[☞정상인] I: 81; III: 166, 169, 279, 319, 321, 331-332, 345

뉴턴(Newton, Isaac) III: 126, 206

다채로운 색/견본 III: 80, 85

단색(성) I: 19, 60; III: 53, 151, 172, 266, 269

단순화 III: 74, 314

단조 III: 213

담자색 I: 24, 72; III: 126, 182

담청색 I: 24; III: 182

대립 III: 46, 178, 212

더러운 I: 44; III: 89, 211, 237

도안 III: 24

따뜻한 색 III: 28

'~라고 여김' III: 131

렘브란트(Rembrandt, Harmensz van Rijn) I: 58; III: 79, 263

루비 III: 70, 156, 272

룽게(Runge, Philipp Otto) I: 17, 21; III: 76, 94, 105, 113, 156

리히텐베르크(Lichtenberg, G. C.) I: 3; III 35, 201

말 III: 317

말을 휘두르다 III: 317

매끄러운 흰색 표면 I: 43; III: 159, 236

매체 I: 19-20, 30, 47; III: 151, 172-173, 175, 185-186, 192, 239, 243, 252-253

맹인[☞눈이 먼] I: 81; III: 166, 169, 278-280, 294, 319, 321, 330, 332, 334, 344, 346

머리칼의 색 I: 63-65; III: 117, 271, 273-276

명명(법) III: 12, 28, 128, 256

명암 III: 184, 197

무능력 II: 12; III: 281

무대 회화 III: 235

무시간적 I: 1; III: 131

'무엇을'과 '어떻게' III: 43

무의미 I: 87; III: 331

문법 III: 309

물들이다 III: 186, 199, 205, 208

물리학, -적 I: 25, 40, 61; II: 3, 16; III: 173, 175, 180, 206, 234, 252, 268, 313, 315

물체적 I: 21; III: 94, 202

민족 I: 13; III: 285

바르트(Barth, Karl) III: 317

반사 I: 19, 43-44; II: 20; III: 140, 148, 150, 159, 224, 236-237

반응 I: 10, 64; III: 22, 55, 166, 274, 319, 338

반투명 III: 139

받아쓰기 III: 320

밝기 I: 1, 2; III: 56, 131-132, 161, 171, 203, 224

밝은색(조) I: 2; III: 1, 57, 117, 175, 201

배워-익힐-수-없음 III: 320

백록색 III: 196

백색 광원 III: 183

백색 광채 I: 48

백색[☞하양/흰(색)] I: 48; III: 183, 215-218

백열(白熱) I: 34

번쩍거리는 I: 33, 50; III: 66, 107, 152, 246

법칙 III: 175, 180

벽지 III: 37, 57

"보는 사람들이 존재한다" I: 86-88; III: 328, 331, 333, 338

보라색 I: 21, 24; III: 94, 156

보임과 있음 III: 96, 98-99

본다(는 현상) I: 59, 63-64, 79, 81-82, 84-85; III: 64, 141, 165, 168, 224, 246, 255, 261, 265, 271, 279-280, 283, 319, 321-323, 329-330, 332-333, 337-339

본래적 색 I: 60; III: 38, 155, 192, 267

본질, -적 I: 56; II: 4; III: 70, 135, 145, 161, 251, 282

분계점 III: 111

분광색 I: 70

불꽃 색깔 I: 41; III: 145, 223, 240

불명료성 III: 33

불순한 색채 III: 59

불투명색 I: 17-18, 21, 24; III: 76, 94,

불투명성 I: 18, 21, 24, 29, 45, 60; III: 23, 149, 242, 268,

불확실성/불확실함 I: 15; III: 44

불확정성 I: 17, 56; III: 78, 87

비교 방식 III: 259

비시간적 III: 8-9

비정상인 III: 42

비트겐슈타인(Wittgenstein, Ludwig) III: 324

빛/빛남 I: 30, 42, 50, 72; II: 5, 9, 15, 17-18, 20; III: 22, 48, 57-58, 65, 81, 92, 126, 144, 156, 171, 179, 192, 196, 203, 215, 217-219, 223-228, 231, 239, 244, 246

~빛을 띤 I: 7, 9-11, 14, 21, 55, 59, 72, 78; II: 13-14; III: 27, 30, 39-41, 48, 52, 70, 94, 104, 106, 110, 122-123, 126, 129, 139, 158, 162-163, 182, 191, 194, 211, 231, 249, 255-256, 265

빛을 발하는 I: 36-38; II: 15; III: 223-226, 228
빨강/붉은(색) I: 11, 25, 29, 68, 78, 84; II: 4, 7,
    13; III: 2, 18, 21, 24, 26, 37, 40, 50-51, 54,
    57, 70, 85, 102, 110, 128-129, 133,
    155-156, 161, 163, 166-167, 170, 173, 179,
    191, 198, 202, 207, 211-214, 241, 249, 283

사고 I: 32; III: 19
사용/쓰임 I: 3-5, 13-14, 32, 60, 68, 73, 75, 77;
    III: 9, 11, 14, 19, 34-36, 52, 75, 101,
    110-111, 118, 120, 122-123, 127, 129, 160,
    211, 213, 262, 266, 278, 284, 286, 306,
    317, 331, 333, 336-337
사유도식 I: 70; III: 125
사진 I: 63-65; III: 117, 137, 175, 205, 270-271,
    273-277
삶 I: 59; III: 296, 300, 302-303, 317, 319
삼색기 III: 2
삼위일체 III: 317
삼차원적 III: 272
상상, -하다 I: 12, 25, 27, 31, 66, 68-69;
    III: 27-28, 42, 68, 86-87, 103, 109, 124,
    127, 137, 216, 223, 287-288, 294, 296, 345
색/색깔/색채 I: 2, 6, 8, 10-11, 14, 18, 20,
    24-25, 29, 33, 35, 40-41, 45, 47-52, 55-56,
    58-61, 63, 67-68, 71-74; II: 1-3, 12-14,
    17-18, 20; III: 1, 5-6, 13-17, 24-28, 30, 34,
    38, 42, 46, 49, 51-52, 54-60, 63, 66-70,
    76-80, 82-83, 85-86, 89-92, 95, 97, 102,
    105, 108, 117, 125, 127, 130-132, 134-137,
    139, 145, 147, 156-158, 161, 163, 173, 175,
    178, 181-186, 190-191, 195-197, 200-202,
    204-205, 207, 209, 211, 213-214, 223, 233,
    243-247, 249, 251, 254, 256, 258-260,
    262-263, 265, 267-268, 274, 276, 326-327
색 팔면체 III: 197
색견본 I: 7, 10, 24, 59; III: 27, 58, 85, 95, 133,

157-158, 265
색(깔) 이름 III: 52, 61, 67-69, 120, 128, 152,
    259
색(채) 반점 I: 18, 60; III: 57-58, 108, 255, 266,
    272, 318
색깔(이) 없는/무색의 I: 52; III: 182-183, 210,
    217
색깔(이) 있는/유색의 I: 20, 29-31, 68; 37, 49,
    58, 102, 108, 172-173, 186, 192, 194, 199,
    200, 208-209, 236, 240, 243, 252-253
색깔의 취소 III: 214
색깔-형태 개념 III: 130
색맹, -상태 I: 9, 12-13, 31, 55, 77, 82-83;
    III: 112, 120, 128, 164-165, 170, 278,
    280-281, 283-286, 288, 290, 319
색상환 III: 7, 26, 80, 85
색소 I: 59; III: 259, 265
색의 본성/본질 I: 56, 71; III: 125, 251
색의 수 III: 26
색조 I: 1, 10-11, 26-28, 59, 62-4; II: 1; III: 12,
    34, 83, 95, 117, 137, 162-163, 175,
    264-266
색채 개념 I: 9, 13, 17, 22, 54, 61; III: 30, 32,
    56, 58-59, 69, 71-73, 75, 78, 106-108, 110,
    188-189, 239-242, 255, 268
색채 기하학/수학 III: 3, 86, 154
색채 동일성(같은 색/색조) I: 17, 24, 56;
    III: 95, 130, 163, 181, 244
색채 동일성/같은 색조
색채 동일성/색깔이 같음 III: 265
색채 수학 III: 3, 10
색채 심리학 III: 222
색채 열 I: 11, III: 163
색채 이론 I: 22; III: 188
색채 이행 I: 78; III: 129
색채 혼합 I: 7-10, 74; II: 2-3, 9; III: 34, 56, 85,
    91, 105, 158, 162, 171, 204, 233, 244, 249,

256

색채어 I: 13, 46, 77; III: 64, 75, 151, 155, 189, 278, 284, 286

색채의 화성학 I: 74; III: 91

생각하다 I: 69; III: 109

생리학적 I: 22; III: 80, 188

선 III: 270

선입관념 III: 230

선천적 III: 69

선택, -하다 I: 7-8; III: 27, 34, 48, 158, 162

설명, -하다 I: 68; III: 5, 102, 127, 143, 189, 279, 293, 317, 320, 323, 334, 338, 350

소재의 색 I: 52; III: 254

숙련 III: 320

순수한 색(노랑, 빨강, 파랑) III: 4-5, 26, 28, 56-57, 59-60, 67, 73, 108, 111, 133-134, 161, 175, 201, 207, 211

순수한 흰색 I: 3, 5, 21; III: 34, 36, 94, 160, 175, 187, 201

슈베르트(Schubert, Franz) III: 213

스펙트럼 I: 72; III: 125

시각 경험 III: 173

시각 공간 III: 149

시각 상(像) I: 19; III: 150, 172, 175, 152-253, 255, 259

시각 인상 III: 140, 323

시간 규정 I: 5; III: 160

시간, -적 I: 1, 75; III: 8, 118, 131, 135

시야 I: 61-62; III: 58, 151, 255, 262, 264, 268

신 III: 317

신생아 III: 166

신학 III: 317

신호등 III: 65

실내장식가 I: 73; III: 90

실천 III: 122, 317

실체 III: 255

실험 I: 5, 70-72; III: 125, 160, 166

심리학, -적 I: 16, 22, 40, 70, 79-80, 86; III: 9, 26, 55, 81, 114, 125, 156, 168, 188, 211, 222, 232, 234, 283, 319, 328, 350

심리학자 I: 39, 88; III: 221, 319, 337-338

심적 동반 현상 I: 32; III: 32

심정 III: 105

심층 차원 I: 19; III: 150

아른거리는 III: 66

안대 III: 166

알다 III: 308, 311, 350

앎의 개념 III: 291, 350

암녹색 III: 196

암적색 I: 42; III: 227, 272

양광부 I: 50; III: 22, 77, 140, 145, 239, 246

양동이 I: 50; III: 246-247

어두운 I: 1-2, 30, 63, 72; III: 4, 18, 56, 70, 104, 106, 117, 126, 132, 156, 171, 175, 192, 269, 271, 276

어둠 II: 6; III: 156, 205

어린아이 III: 122, 143, 240

어스름 I: 67; III: 157, 235

언어 도구 III: 130

언어놀이 I: 1, 6, 8; III: 15, 30, 34, 41, 99, 110-112, 131, 158, 278, 292, 296, 312, 332

엷은 III: 249

영사막 I: 25; III: 184

영향 III: 24, 105, 108

영화 I: 25; III: 273

영화관 I: 25, 28; III: 184

예언 III: 285

예외, -적 I: 12; III: 99, 130, 280, 332, 345

예외자 III: 286

올리브 초록색 III: 30

외관 I: 29; III: 139, 180, 200, 219, 231-232

외적 관계 I: 1

원색[☞기본색] III: 26, 113, 128

원현상 III: 230

위장(僞裝) III: 297-298

유령(의 색깔) III: 231, 233

유리(판) I: 18, 24-26, 28, 30-31; II: 7, 13; III: 70, 76, 136-137, 139, 141, 151, 175-179, 181-186, 191-194, 198-200, 203, 205, 207-209

유비 I: 25, 31; III: 136, 175, 190

유사성/비유사성 III: 155, 310

유색성 II: 2, 3

유용한 I: 73; III: 13, 90

은색 I: 54; III: 241

음식 III: 273

의미 I: 39, 59, 68; III: 5, 30, 61, 102, 132, 221, 223, 264-265, 319

의사소통 III: 32, 52

의식의 세계 III: 313-314, 316

이론 I: 22, 70; III: 125, 188, 206

이해하다 III: 320

이행 단계 I: 11; III: 163, 349

익사하다 III: 238

인과, -적 I: 51; III: 80, 229, 317

인상 I: 19, 39, 51; II: 1; III: 12, 14, 24, 58, 64, 133, 139-140, 172, 176, 221, 228-229, 239, 260, 273, 323-325

입장 III: 317

입체성 III: 24, 144

입체적 I: 60; III: 53, 142, 266

있다/있음 I: 50; III: 98-99

자연 I: 72; III: 22, 68

자연사, -적 III: 8-10, 81, 135

자연색 III: 205

장조 III: 213

재능 III: 28, 285

재생할 수 있는 색깔 III: 262

재인식 III: 25, 133, 166

저녁놀 III: 255

적록색맹 III: 164

적열(赤熱) I: 34

적외선 III: 127

전달, -하다 I: 86; III: 328, 335-338, 341, 346

전문 용어 III: 338

절대 음감 III: 28, 129, 292

점 III: 270

점묘화법 III: 255

정거장 III: 40

정상인[≈눈이 보이는] I: 9, 77; III: 42, 54, 86, 97, 112, 120-121, 165, 278, 319-320

정상적 I: 5, 16, 82; III: 55, 97, 120, 160, 164, 283-286, 319

정신 상태 III: 306

정이각형 III: 138

정일각형 I: 10

정제된 I: 3, 5; III: 160

정통함 III: 123

제임스(James, William) I: 70; III: 125

조각 (그림) 맞추기 놀이 I: 60; III: 53, 266-267

조망하다 III: 296

조명/불빛 I: 49, 61; II: 15; III: 174, 203, 235, 245, 255, 268

종족 III: 128, 155

주사위 III: 37, 176-167, 203

주시하다 I: 6, 64, 67; III: 139, 326-327, 157-158

주위 환경 I: 5, 49, 55; III: 14, 58, 66, 68, 108, 130, 156, 160, 220

주황색 I: 21; III: 94, 113

중간물 II: 3

중간색 I: 8-10, 72; III: 26-27, 34, 39, 162

중립적인 색 III: 80

중요성 III: 6, 26, 130

지적 장애인 I: 75; III: 118-119

직무 III: 112

짙은/짙음 I: 14; III: 4-6, 9, 13-18, 21, 25, 28, 70, 161, 211
쩨진 틈의 색깔 III: 258

차가운 색 III: 28
차이(점) I: 54, 75, 81; II: 9, 14; III: 51, 75, 113, 156, 166, 184, 190, 197, 199, 241, 279, 317, 319
창백한 III: 191
채색화 III: 68
철학, -적 I: 15; II: 11; III: 33, 43, 63
체스, -판 I: 47, 75; III: 119, 243, 282, 296, 310
체질 III: 31
체험(된 것) III: 234, 315
초록(색) I: 6-7, 9-11, 14, 18-19, 21, 25-26, 29, 45-46, 78; III: 21, 26-27, 30, 37, 39-40, 52, 54, 76, 85, 94, 110-111, 113, 122-123, 128-130, 139, 155, 158, 162-163, 167, 175-176, 178, 181, 184-185, 191, 193-194, 198, 211, 213, 238
친구 III: 301

카를 대제(Karl der Große) III: 320
코발트 청색 III: 259

투명색 I: 17-20, 24-25, 29, 31, 46; II: 2, 4; III: 14, 24, 76, 136, 138, 146-147, 153, 172-173, 177-178, 183-184, 198-199, 205, 236, 240, 242, 252-253
투명성 I: 18-20, 24-25, 29, 31, 43, 45-46, 60; III: 14, 23-24, 70, 139-141, 146, 148-151, 153, 172-173, 175, 181, 183-184, 189, 200, 205, 210, 236, 239-240, 252-253, 255, 268

파랑/파란(색) I: 2, 6-7, 14, 60, 68, 72; II: 2, 13; III: 4, 9, 21, 26-27, 30, 37-41, 50, 52, 57, 102, 110-111, 126, 128, 132-133, 156, 158, 161, 191, 249, 294
판단 I: 82; III: 348-349
팔레트 I: 2, 18; III: 68, 132, 233, 244
편견들 III: 101
표면색/표면의 색 I: 33, 43, 48; II: 1, 7; III: 53, 56-8, 60, 64, 66, 68, 70, 100, 139, 145, 151, 156, 159, 202, 236, 239, 242, 254-255, 259-260
표명 III: 280, 304, 323
프로이트(Freud, Sigmund) III: 230

하늘 I: 2, 60; II: 18; III: 57, 132, 219, 266, 294
하양/흰(색) I: 2-3, 5, 17, 19-21, 23-24, 26, 28-29, 30-31, 37, 39, 43, 45- 52, 68, 72; II: 2-4, 6-7, 9, 15, 17; III: 1-2, 5, 24, 30, 35-37, 56-57, 80, 83-85, 94, 102, 110, 126, 132, 134, 136-141, 145-147, 149, 153, 156, 159-160, 171, 173-179, 182- 187, 191-192, 196-205, 208, 210- 212, 214-215, 217, 220-221, 226, 229, 236, 238-246, 249-250, 255, 269, 274
합성 III: 37, 58
해석, -하다 I: 61; III: 140, 173, 255, 162, 268, 270
행동, -하다 I: 88; III: 60, 166, 169, 279, 288, 298, 300, 319, 334, 338, 343
행성 III: 269
현상 I: 16, 46, 79; III: 19, 55, 164-165, 168, 239, 280-281, 294, 319, 322-324
현상학, -적 I: 53; II: 3, 16; III: 248,
형태 I: 51, 60; II: 5; III: 53, 130, 266
형태 심리학자 I: 39; III: 221
형태색 III: 155
호박색 III: 70, 151
혼잣말(방백) III: 300
혼합색 I: 6, 8, 10; III: 126, 129, 158
홍채의 색깔 I: 58; III: 263

화가 I: 73; II: 13; III: 28, 90, 151, 173, 198, 272

화성인 III: 330

화학적 I: 11; III: 16, 36, 163

확신 III: 306-308, 310, 343

황갈색 I: 59; III: 265

회녹색 I: 62; III: 133, 194, 264

회색 I: 5, 25, 36-38, 40, 49-51, 54-55; III: 56,
    80-81, 83, 137, 156, 160, 171, 174, 179,
    184, 191, 193, 196, 204-205, 207, 215, 217,
    219-220, 222, 224-226, 229, 231, 240-241,
    244-246, 250, 269-271, 273

회색 불꽃 I: 41; III: 223

회색 열 I: 34

회색 열화 III: 216

회색의 빛 III: 215, 218

회화 I: 18, 60; III: 77, 89, 156, 213, 235, 266

훤히 앎 III: 33

흐린 I: 24; II: 4-5, 8; III: 60, 156, 182, 208

흐림 III: 70

흑적색 I: 42; III: 227, 272

색채에 관한 소견들

초판 1쇄 발행 | 2019년 1월 15일
초판 2쇄 발행 | 2023년 5월 15일

지은이 | 루트비히 비트겐슈타인
옮긴이 | 이영철
펴낸이 | 이은성
편 집 | 백수연, 구윤희
디자인 | 백지선
펴낸곳 | 필로소픽

주 소 | 서울시 창덕궁길 29-38, 4-5층
전 화 | (02) 883-3495
팩 스 | (02) 883-3496
이메일 | philosophik@naver.com
등록번호 | 제 2021-000133호

ISBN 979-11-5783-132-6 93100

필로소픽은 푸른커뮤니케이션의 출판 브랜드입니다.